李清照传

王海侠 著

江西人民出版社

图书在版编目（CIP）数据

李清照传 / 王海侠著. -- 南昌：江西人民出版社，2021.5
 ISBN 978-7-210-13073-4

Ⅰ．①李… Ⅱ．①王… Ⅲ．①李清照（1084-约1151）－传记 Ⅳ．①K825.6

中国版本图书馆CIP数据核字（2021）第082489号

李清照传

王海侠 / 著

责任编辑 / 冯雪松

出版发行 / 江西人民出版社

印刷 / 唐山市铭诚印刷有限公司

版次 / 2021年5月第1版

2021年5月第1次印刷

880毫米×1230毫米　1/32　6印张

字数 / 118千字

ISBN 978-7-210-13073-4

定价 / 42.00元

赣版权登字-01-2021-156
版权所有　侵权必究

如有质量问题，请寄回印厂调换。联系电话：022-69236860

第三种绝色——李清照

余光中说:"月色和雪色之外,你是第三种绝色。"我要说,除了宋瓷与宋词,李清照是大宋第三种绝色。

也许你会觉得我这话有些夸张,但试问,从古至今,有哪一位女子能当得起"千古第一才女""一代词宗"之名?有哪一位女子能够完全凭借才华和实力,在男权社会里卓然独立,让其名字在水星的环形山上闪闪发亮?有哪一位女子能够冲破闺阁儿女情长和小我格局,从而拥有寄情家国、放眼天下的大胸怀、大境界?有哪一位女子能够柔情似水又刚劲如风,柔婉清丽又刚健雄放?有哪一位女子能够不惧世俗眼光,不为封建道德束缚,在夫亡之后再嫁,又为了摆脱不幸的婚姻而不惜以身系狱,这一生,完完全全为自己而活?又有哪一位女子能够在国破家亡、辗转流离、孤苦伶仃之境遇中,在饱受人世的摧残与命运的刁难之后,仍保有内心的诗意,心系山河苍生,吟最柔美的词,作最豪放的诗,怀着对生命的敬畏和对尘世的眷恋，怀着对美和爱的希望，完完整整地走向生命的终点？

最早认识李清照，源于一句词："寻寻觅觅，冷冷清清，凄凄惨惨戚戚……"那时的我，以为她不过是一个多愁善感的才女，发一些悲春伤秋之叹。直至近年来细细品味她的诗词，才发现她是如此不同。她的人生，也因此成了我渴望了解与探寻的领地。在写作本书的过程中，我对李清照的感情，也像朋友之间的相处，随着时日的推移而发生着变化——由陌生到熟悉，由敬到爱，由懂得到疼惜……

在行文过程中，我会不自觉地称她"清照"，似乎她就坐在我面前，向我娓娓诉说她的骄傲与失落、她的抗争与妥协、她的热情与冷淡、她的温柔与铿锵……我能够感受到她期待的热烈眼神，要我代她发出心中的呐喊，倾诉对这个世界未尽的深情，以便生命不被曲解，赤心被看清。

尽管如此，我仍然在行文中极力克制自己。柔婉中有风骨，感性中有理性，这是李清照的风格，也是我写这本书的基调。我希望自己不被感情所左右，尽量客观、真实地还原这位奇女子的一生。尽管史料有限，很多真相无从考证，但我想我们最该完成的是对人的心灵世界的考证；尽管迷雾重重，但有李清照留下的文字，我们就可以按图索骥，一步步靠近她、看清她，仿若倾谈，然后熟稔，从而洞悉她的内心，体验她的悲欣。

人最难的是认识自己，我们借由认识世界和他人来认识自己。

我们读书，我们赏诗品词，我们读他人的故事，我们重走前人的生命历程，以此获得情感的共鸣，汲取精神的力量，又或者得到艺术的启示和人格的鼓励，我们由此寻找到精神家园，学会与世界、与自己和解，趋向自足与圆满，一步步成为自己期待成为的那种人，这或许就是解读李清照的意义。

当在电脑上敲下这本书的最后一个字时，我如释重负，又怅然若失。从查找资料、构思腹稿到动笔书写，几个月过去了，李清照早已如我身侧之友，与我朝夕相伴，如今挥手作别，不免惆怅。

不止于大宋，在整个古代中国，李清照都是比月色和雪色更美的第三种角色。她的美，在于精神、气节、风骨和人格。她的美，不会随着时光而磨灭。一念及此，我仿佛得到了安慰。如若有更多的人能够因我的文字而重新发现和认识她的美，从而让自己的人生受到这种美的陶养，我将更加欣慰。

王海侠

二〇二一年一月四日于西安

目录

卷一

青梅季——从出生到结婚

清可照天百脉泉——降生明水　　002

翰墨飘香润幼芽——初到有竹堂　　008

李家有女初长成——及笄之礼　　013

常记溪亭日暮——移居东京　　019

才力华赡名难掩——两首和诗　　025

月移花影约重来——相恋　　031

造化可能偏有意——完婚　　037

卷二

琴瑟鸣——婚后相对平稳的岁月

怕郎猜道，奴面不如花面好——新婚的甜蜜　　044

未必明朝风不起——李格非获罪　　050

云中谁寄锦书来——被迫离京回乡　　056

难言处，良宵淡月，疏影尚风流——重返东京　　061

风雷动——国难家愁，生离死别

等闲平地起波澜——赵家遇难　　068

相从曾赋赏花诗——偕隐青州　　074

卷三

新来瘦，非干病酒，不是悲秋——明诚重返仕途　080
四叠阳关，唱到千千遍——从莱州到淄州　086
江山动，烟雨摇——北宋王朝覆灭　092
故乡何处是？忘了除非醉——南渡江宁　097
仲宣怀远更凄凉——江宁兵变，明诚弃逃　103
生当作人杰，死亦为鬼雄——乌江怀古　109
明月照天涯——池阳之别　113
梅心惊破——明诚故去　119

卷四

叹零落——辗转流离，再婚、离婚

故应难看梅花——漫长的追献文物之路　126
春残何事苦思乡——暂居临安　132
梅落泥淖——再婚遇人不淑　138
自是花中第一流——离异系狱　144

卷五

归去来——寄居江南，孤独终老

卧看残月上窗纱——孤身养病，寄情金石　150
江山留与后人愁——打马金华　158
染柳烟浓，吹梅笛怨——重返临安　164
叶叶心心，舒卷有余情——寻找传人　171
寻寻觅觅向何处——作别人间　177

卷一 青梅季——从出生到结婚

清可照天百脉泉——降生明水

人的诞生，如种子落入泥土，日后会成就怎样的人生，无法预知。希望来源于未知，因而新生总让人欣喜，比如春天，比如婴孩。

宋神宗元丰七年（1084）的一个春日，一位名叫李格非的中年男子，此刻正感受着初为人父的喜悦——女儿降生了。响亮的啼哭声宣告着她的降生，这个粉雕玉琢的小生命，需要一个行走世间的符号。

取个什么名字好呢？李格非凝神沉思，忽然灵机一动：家乡地处泉城济南，这个位于章丘的明水小镇，更是河湖如星子散落，家近旁的百脉泉，泉水清澈无比，急流处灵动活泼，缓流时泉面沉静，倒映着天光云影，清可照天。对了，就叫"清照"！

经历过几十载人生风雨的李格非，深知人生不易，因而希望女儿既能如百脉泉般清灵，又能有开阔的心胸。当人境逼仄时，心境要与天地相接。清可照天的灵泉，不正是与天地相接吗？

其时，远离朝堂的司马光完成了《资治通鉴》，进献神宗。因"乌台诗案"被贬黄州的苏轼，改任汝州，途中拜访了已隐退的王安石，后又和秦观同游，写下了《题西林壁》《石钟山记》等诗文名篇。

李格非怎么也想不到，"李清照"这三个字，多年以后会和司马光、王安石、苏轼等如雷贯耳的名字并列于史册，并且还多了很多标签，如"千古第一才女""一代词宗""词国皇后""藕神"……他更不会知道，在他想象力无法达到的宇宙中，水星上众多环形山的名字中，有一座以"李清照"来命名，这是世界天文学家的决定。

李清照何以享有如此盛誉？答案或许就存在于她的诗酒相依、悲欣交集的人生轨迹之中，存在于她如泉湖般清净又深邃的心灵世界之中，存在于她一首首犹如神来之笔的绝妙诗词之中。

古代封建社会，大多重男轻女，女儿家的名字也多取得随意且带娇弱之气，而李格非为女儿取名字如此用心，由此可见他并不是一位从于流俗的人。据说李格非的父亲早年间是一位太守，为官清正廉洁，曾在明水任职，因喜欢这里的山水风物，后便举家迁居此地。

李格非在这样清明的环境中长大，饱读诗书，诗词歌赋样样精通，且对儒家经典颇有研究。家境虽清苦，但李格非努力上进，于宋神宗熙宁年间考中进士。因文笔绝佳，有人认为他可与司马迁相提并论。李清照曾自述"父祖出自韩公门下"，韩公即北宋著名的政治家、文人韩琦。

李清照出生时，李格非正在郓州任教授，这个职位听起来很高大上，但实际上很清苦。不过对于李格非这样一个不汲汲于名利富贵的人来说，他并不感到委屈，只是尽职尽责，做个一心为民的好官。据说连当时的郡守都同情李格非俸禄太少，建议他兼任官职，以便多挣些钱来养家糊口，但刚正耿直的李格非断然不肯。

李格非喜爱陶渊明和苏轼的文字，推崇以诚为文、自然真实，这样的人，品性自然宽厚温良。像这样才学、人品俱佳的青年，到了结婚的年龄，当然是很受欢迎的择偶对象，是很多女子心中的白马王子。不知道李格非与其中一位是否有过隐约浪漫的爱情，但可以肯定的是，他得到了理想中的婚姻。

在那个还不能自由恋爱的时代，很多女子的终身大事都要依靠父母做主。在朝为官的父亲，往往会在自己认识的子弟辈中特别留意那些有才学、有能力、人品和性格都好的年轻人，作为未来乘龙快婿的备选。李格非无疑是幸运的，看中他的是北宋历史上一位赫赫有名的人物——王珪。

王珪为宋仁宗庆历年间进士，历英宗、神宗、哲宗三朝为官，曾任翰林院学士、尚书左仆射兼门下侍郎等职，身居宰辅高职长达十六年，欧阳修说他是"真学士"，《四库全书》盛赞他"文章博赡瑰丽，自成一家"。生在这样的家庭，王珪的女儿自然是在书香的浸润中长大。她与李格非的结合，也算美满姻缘，如今他俩女儿的降生，又为这个家庭带来了更多欢乐。

因为李格非和妻子都读过书，眼界开阔，两个人又都品性温良，所以重男轻女的观念在这个家庭里显得很淡。夫妻俩珍爱着这个孩子，看着她像一株刚出土的嫩芽，一天天茁壮成长起来，心里满是欣喜和感恩。

小清照伶俐聪慧，惹人喜爱，早早就表现得与众不同。孩子满周岁那天，很多地方都有"抓周"的习俗，这是一种独特的庆祝方式，大人们认为，根据孩子在抓周过程中的表现或许可以预测其未来的兴趣特长或者人生走向。李格非家自然也不例外。

到了小清照满周岁那天，席子上摆满了针线、衣服、食物、玩具、脂粉、毛笔和书等物什。李格非等长辈站在一旁，眼睛紧盯着在席子上爬来爬去的小清照。只见小清照睁着好奇的大眼睛，左顾右盼。色彩鲜艳的衣裳引起了她的注意，但她只是看了一会儿，就把目光移开了。脂粉的香气触动了她的鼻息，她凑过去，但也只是看了一小会儿，又转开了头。小清照在这些物品中间爬来爬去，只用目光探寻，却不肯用手去抓取其中的任何一件，令大人们看得紧张又兴奋。终于，小清照在书和毛笔前停了下来，她伸出小手，准确地抓起了书和笔。围观的人们一阵喝彩，议论纷纷，说这个女孩儿不爱穿衣打扮，不爱吃喝享受，也不爱做针线女红，将来必定是个才女。

那个年代，寻常父母对女儿的期望不过是擅长女红、精于持家，出嫁后相夫教子，平安度日。即使是书香门第，父母也不过教女儿略识些诗书礼仪，为觅得如意郎君增加筹码。以才学谋求事业上的成功，是男人的专利。因此，很多父母对有志于诗书的女儿并不支持。但李格非和妻子很高兴，他们都喜爱诗书，若有一个爱读书的女儿，日后一家人在一起谈诗论文、其乐融融，那该是多么美好的生活！

然而世事总是难料，李清照出生不到两年，她的生母便因病去世。这个红颜早逝的女子，在史书中被称为"王氏"，只因为是李清照的母亲、李格非的妻子、王珪的女儿，得以在史册上留下一个模糊的影子。若她知道自己的女儿不仅将名字闪亮地留在青史，还被全世界知晓，不知会做何感想？

李格非刚刚享受到家庭圆满、天伦之乐的幸福，还来不及从女儿降生的喜悦中回过神来，便要承受巨大的丧妻之痛。面对还不懂失母之痛的懵懂幼女，李格非只好强打精神一如既往地尽职奉公，而将小清照托付给兄嫂照料。夜静无人，暗自神伤之余，他又多了一丝忧虑：如此天资聪颖的孩子，没有了母亲的教养，又将如何呢？

日子缓缓流逝。李格非除了在任上忙碌，有空就回明水看望女儿。小清照在家人的照料下，也像其他有母亲的孩子一样，一天天长大。她并不知道，其间，她的父亲在社会的风云变幻之中，走过了怎样的仕途和心路。

元丰八年（1085），宋神宗驾崩，九岁的哲宗继位，朝政由高太后把持。对于神宗推行王安石的新法，高太后之前一直反对，但也无可奈何。如今，终于可以按照自己的意愿行事了，高太后立即着手废除新法，因反对新法而被贬的司马光、苏轼等元祐旧党人士被重新起用。这为李格非的人生赢得了一次转机。

李格非和苏轼也算师生。苏轼有四位学生，史称"苏门四学士",都是历史上鼎鼎有名的文人,他们分别是黄庭坚、秦观、张耒、晁补之。晁补之与李格非交情很好,而李格非一向仰慕苏轼,通过这层关系,李格非与苏轼有了交集。苏轼很赏识李格非的文才学识和人品。就这样,李格非与董荣、廖正一、李禧成了"苏门后四学士"。

高太后非常欣赏苏轼,神宗驾崩后的八个月里,苏轼回到东京汴梁(今河南开封),从七品小官一直升到三品大员,任翰林学士,负责为皇帝草拟诏书。李清照三岁时,李格非也进入东京,官拜太学录。太学是从汉代开始在京师设立的全国最高学府,太学录是太学里的学官。

将女儿寄放在老家终究不是长久之计,李格非打算在东京安定下来之后,就将女儿接来一起生活。只是眼下,李格非还要与女儿分隔两地,他盼着团聚的日子早点儿到来。

翰墨飘香润幼芽——初到有竹堂

虽然失去了母亲,但有全家人,特别是两位伯母的疼爱和照料,小清照成长得很好。的确像抓周时预示的那样,这个小女孩儿很早便表现出对诗书文墨的偏爱。她没有因母亲早逝而变得忧郁封闭,或许是有足够的爱,或许是天性使然,她健康、活泼,像奔流的清泉一样灵动明朗。她常和堂兄弟姐妹以及周围的玩伴一起疯跑嬉戏,但安静下来时,便会去亲近书本。书香之家,藏书丰富,小清照时常流连在书堆里,感到莫名欣喜。

据说,小清照五岁那年的乞巧节,当别的女孩子都在望月祈祷,希望自己拥有一双巧手做出漂亮的女红时,小清照却明明白白地告诉家人,她的志向在于读书、写字。从此,她开始和堂兄们一起进入学堂读书。她的生母虽然没有机会教导她读书识字,但是把良好的基因遗传给了她,再加上李格非的优良基因以及诗书传家的良好氛围,使得小清照天资极为颖悟,别的孩子读好多遍都记不住的诗词,小清照只读一两遍就能熟练背诵。有时候,老师还没教的内容,她自己就先学会了。

在李清照的家乡，至今流传着这样一个故事：有一天，老师在课堂上讲白居易的长诗《琵琶行》，当别的同学都在认真听时，小清照却在下面给老师画像。老师很生气，就让她起来背全诗，没想到小清照一口气就把那么长的《琵琶行》背完了，而且一字不差。老师又问了小清照几个关于诗意理解的问题，她也都对答如流，令同学和老师大为惊讶。渐渐地，周围很多人都知道了李家有个小才女。

李格非对此很欣慰，每次回乡，他都给小清照带很多书，检查她的课业，跟她谈很多读书的事。小清照果然没有辜负父亲的期望，小小年纪，不但背了几百首唐诗，还开始读《诗经》以及司马相如的《子虚赋》《上林赋》、宋玉的《对楚王问》等文章。小清照还有一个爱好——喜欢抄诗，她把自己读过的诗都整整齐齐地抄录在一个本子上。有时候为了读书抄诗，她会把自己关在房里很久，连伙伴们来找她玩，她也不为所动。

小清照就这样在故乡的明山秀水间，在诗书的陪伴下成长着。一晃，小清照六岁了，李格非官位升迁，任太学正（大约相当于现在的大学教授），薪俸多了些，就在东京经衢之西置办了一处房屋，名为"有竹堂"。就是在有竹堂里，李格非为小清照迎娶了一位继母。李清照的这位继母和她的生母一样，也姓王，也是名门之后，她的祖父王拱辰是宋仁宗朝的状元，曾任翰林学士、吏部尚书等职。据说王拱辰生性耿直刚正，曾冒死牵住皇帝的龙袍衣裾，只为皇帝能听他一句谏言。关于李清照的这位继母，《宋史》中《李格非本传》说她"亦善文",文才也是相当了得。

也是在这一年,小清照第一次进入东京,来到有竹堂。在故乡明水的自然风物中陶养长大的小清照,进入繁华的东京城,只觉得热闹、好奇,还有一点点陌生和不安。有竹堂虽然并不算富丽宏大,但是小小的庭院中植着竿竿翠竹,映着粉白的墙,别有一种清静雅致的韵味。小清照知道,父亲的老师苏轼先生也喜欢竹子,他曾经说过"宁可食无肉,不可居无竹"。因为竹"出土有节、凌云虚心",大凡品性高洁的文人雅士,没有不钟情于竹的。

小清照一下子喜欢上了这里,她更爱的是父亲的书房,房间不大,到处都是书,空气里充盈着墨香,让人心生喜悦。坐在窗下,风拂动竹叶,有一种"窗竹影摇书案上"的幽微意趣,竹的翠色穿窗而入,映着窗内的读书人,一时之间,人书俱绿。当然,这或许只是李清照日后回想起初入有竹堂时的感受,当时的小清照只觉得欢欣快意,小小的心像要飞起来。

之后的日子里,小清照除了像以往那样在明水生活之外,有时也来有竹堂小住。时间久了,她便知道了很多常常光临有竹堂的父亲的文朋诗友们的名字:晁补之、董荣、黄庭坚、张耒、米芾、秦观、陈师道……他们常常在一起谈诗论文,有时也谈及一些时事政治。晁补之还专门写了一篇《有竹堂记》,记叙有竹堂落成时的样貌和李格非在里面读书、作文的情景。除了李格非,晁补之可以说是李清照的又一位启蒙良师,他喜欢这个聪颖的小女孩,常常对她的学业加以评点指导。李清照之所以才学进步神速,其中有晁补之的一份功劳在。

每当他们雅聚时，只要李清照在有竹堂，她必会坐在父亲身旁，静静地听他们谈话，常有"听君一席话，胜读十年书"之感。随着时间的流逝，李清照涉猎的书目越来越庞杂。一般读书人家对女孩子的教育主要以三从四德和相夫教子为主要目标，开列的书单大多为《女诫》《女训》《列女传》《孝经》之类，有的再加上《论语》《孟子》《诗经》《礼记》等书，不过是让她们略通大义，做到"知书识礼"即可。但李清照家不一样，开明的父亲对她读书的类型没有过多限制，这得以让她遍阅经史子集，其阅读视野日渐开阔。除了诗词歌赋、诸子百家、文史典籍，对于书中的逸闻趣事，她也颇感有趣。李清照尤其喜爱《世说新语》。有人做过统计，她的作品中共有十七处引用了《世说新语》中的典故。她敬慕《世说新语》清透简淡的文风，也向往魏晋名士真率自然、自由至性的精神人格，这成了影响李清照日后个性、气质形成的一个重要元素。

读书多、视野宽、记忆力和领悟力强，使得李清照敏而早慧。据说小清照六七岁时，有一次读到苏轼为纪念妻子王弗所写的《江城子·乙卯正月二十日夜记梦》时，将这首词抄录在一张白笺上。后来，她让父亲和他的朋友看她抄录的诗词，大家都有点儿不解。对于别的诗词，小清照都用美丽雅致的彩笺抄录，怎么唯独将苏轼的这首词抄在白笺上呢？小清照解释说，她读这首词时，知道这是为亡人写的悼念之作，字里行间蕴含着深深的悲伤，不宜用色彩明艳的彩笺抄录，白笺黑字，才与词的情感契合。众人听后，大为惊叹，没想到清照小小年纪，便已能懂得词中所隐含的沉痛之情。

小清照由于时常在有竹堂静聆父亲和一众饱学之士的谈话，才学自然长进极快，思想也日益丰富深遂起来。

让小清照感到幸福的，还有继母。她温柔善良，对小清照视如己出，呵护有加，常常和小清照谈论诗书。即便后来有了与李格非的亲骨肉李迒，她也不曾减少对小清照的爱。她不像那时的大多数母亲一样，用传统的封建道德束缚女儿，而是给小清照充分的自由和尊重，让小清照顺应天性，快乐成长。

小清照也有着一般小女孩的可爱、顽皮和淘气，她也需要玩伴。在家乡，她有众多堂兄弟姐妹一起玩耍，更有一个年长她五六岁的堂兄李迥处处让着她、宠着她。她用她的俏皮机敏捉弄他，他也不生气，依旧是宽容的大哥哥的模样。在有竹堂，有弟弟李迒当她的小跟班，这使得她在都市里的童年乐趣丝毫没有减少。因为姐弟俩的感情很不错，所以在孤苦无依的晚年，她选择去投靠李迒。可以说，正是这样完整的童年生活，赋予李清照阳光般的性格底色。生母离世的阴影几乎可以淡化到无，在她的作品中，我们找不到其对童年伤痕的回忆。

李清照果然如同父亲为她取的名字一样，在爱与温暖的包围和诗书墨香的浸润中，渐渐成长为一个健康、活泼、清纯、明丽的少女。她如家乡明水的百脉泉一样，顺应着本心迎向未来，灵动处，哗哗地奔流，尽显生命之朝气；沉稳时，静水流深，将思想与情感的精粹沉潜凝炼。这一株幼芽，在优质的土壤中萌发，汲取着阳光雨露，一天天伸展叶片，抽长枝条，只等时日一到，便结孕苞蕾、绽放花朵了。

李家有女初长成——及笄之礼

生活要有仪式感,才能使人生显得庄重。古人的仪式感非常强,对于人生四大礼仪——诞生礼、冠笄礼、婚礼、丧礼,更是极为重视。冠笄礼即我们现在所说的成人礼,是少男少女迈入成人时期举行的仪式,从西周开始,历朝历代就一直延续这个传统,一直到明朝,之后逐渐淡化。

冠笄礼是冠礼和笄礼的合称。古代男子满二十岁时行冠礼,"二十弱冠",寓示男子已成人,被族群和社会认可,冠礼之后才可以娶妻生子。女子则是在年满十五岁后行及笄之礼,及笄之后才可以嫁人。"笄"意为簪子,"及笄"指将少女的头发挽成发髻,插上簪子,民间俗称"上头"。冠笄礼举行之后,少男少女即长大成人,需要承担家庭和社会的责任,开始自己独立的人生。

时光如百脉泉的水,日夜不息地流逝,转眼间李清照已十五岁,到了及笄之年。这些年,李清照一家人的生活相对来说比较平静。随着年龄的增长,李清照也逐渐开始对父亲和一众前辈及朝廷之事关心起来。

清照八岁那年，李格非升任太学博士，苏轼任尚书右丞，秦观、晁补之等都还在京城，他们依旧常常雅聚在有竹堂。清照以为这样的美好时光会一直延续下去，不料两年之后，高太后去世，哲宗亲政，任用新党中人章惇为宰相，苏轼随即被贬，其他旧党中人如黄庭坚、晁补之、秦观等后来也相继被贬离京。章惇与苏轼早年间交情很好，后来因为政见不同，分属新旧两党，因此情谊也渐渐消失殆尽。

章惇当上宰相后，曾有意拉拢李格非，但李格非是一个是非分明、立场坚定、嫉恶如仇的人，他怎么可能背叛苏轼而依附于章惇？李格非的拒绝惹恼了章惇，遂将他外放为广信军通判。在李格非外放期间，当地有一个道士，专以算命为幌子，招摇撞骗，成为一害。李格非听说后，就一心想要惩治这个恶人，为民除害。事也凑巧，有一天，李格非在路上遇到这个道士，就让手下将其痛打一顿，驱逐出城了。不过李格非的运气还不算坏，又过了一年，他就被召回京任著作郎，并在这一年写下了著名的《洛阳名园记》，这篇著作文字虽为记述洛阳的著名园林，但实际上隐含着对政事的讽喻。

渐渐长大的李清照开始领略到了世事的复杂。人心莫测、宦海浮沉、政治风云变幻……虽然还不太懂，但她隐隐地对未来感觉不安和担忧。人的一生，都从清浅的溪流开始，一路流向湖海，童年简单清澈的快乐永久逝去之后，取而代之的是动荡澎湃的生活浪涛以及深不见底的命运，这大概是每一个人在成长中都必经的阶段,所以青少年时期的人容易忧郁,容易产生精神世界的自我冲突。

清照的内心,想必也敏感地觉察到了这一点,但那只是一种微妙的感受,只可自己意会,不可与外人言传。不过,李清照自有引领自己走出思想迷途的路径,一个是她了不起的父亲李格非,他的坚定、勇气也让清照形成了爱憎分明的是非观,另一个就是那些读过的诗书,都成为少年清照内心迷茫之际的一股安宁的力量。

带着成长中的微微痛楚和些许期待,李清照来到了十五岁。父亲李格非已于前一年在朝中任礼部员外郎,家中平安无事,因此全家的关注焦点都放在了清照的笄礼之上,他们很早就开始谈论笄礼的种种细节。冠笄礼标志着幼年、少年的终结和成年的开端,对一个人的一生有着极为重要的意义。之前无须束发、不着礼衣、天真烂漫、不谙世事的孩童,束发加冠,穿上礼服,经过肃穆庄严的仪式,从此正式踏入自己的人生舞台,行为举止要遵从种种礼仪道德规范。对于女孩子来说,及笄之后,仪态要端庄,行走坐立要注意姿势,说话要轻声细语,要笑不露齿,要遵守闺阁规矩,要学灶厨之技,要修女红之艺,要少出大门,羞见外人……总之,再也不能像以往那样自由随性了。

古代的及笄之礼一般在春天举行,到了宋代,多选择在清明前两日举行。李清照行笄礼具体在哪一天,历来并无明确记载,有研究者认为,李清照征得家人的同意,将笄礼推迟到了六七月荷花盛开之时举行。确切的时间节点和真实的细节已无从考证,这或许并不重要。重要的是，我们可以按照古代笄礼的礼仪程序，来想象一下清照行笄礼的场景，身临其境地感受清照彼时复杂的内心感受，从而更加接近那个曾在历史时空中鲜活存在过的少女李清照。

到行笄礼的那一天，现场早已布置好，铺了席子，有专门主事的人安排各项程序。场地或在家庙，或在祠堂，总之为非常庄重、宽阔的场地。李格非和清照的继母站在礼堂东侧迎接宾客，有司托着托盘，上面放着笄礼要用的物品——服饰和发饰。清照沐浴更衣后，坐在礼堂东侧的房中等候仪式开始。

很快，时辰已到。奏乐声起，正宾来到。正宾一般选择德才兼备的年长女性，是整个笄礼的主要操持者。正宾还需要一名助手，协助她完成各项程序。李格非夫妇与正宾互相施礼。待正宾和所有观礼的宾客都落座后，李格非向众宾致辞，说明行礼之内容，对众人表欢迎和谢意。正宾盥洗双手，焚香祭祀天地祖先之后，念颂祝词"仪节典范，诗书义理……"，仪式正式开始。

据典籍记载，冠笄礼主要仪式有"三加"，即冠笄礼的主角分别换三套不同的服饰和冠帽发式。男子冠礼三加的服饰分别为玄服、皮弁服和爵弁服，冠帽分别为巾、帽、冠。女子笄礼三加的服饰分别为素衣襦裙、曲裾深衣、正式的大袖长裙礼服，女子头饰三加分别为笄、钗、凤冠。在未行礼之前，笄礼的女主角身着童年彩衣，梳幼童发式。这些服饰和发饰，分别代表女孩子不同的成长过程：鲜艳的彩衣，象征天真烂漫的童年；素雅的襦裙，象征豆蔻少女的纯真；端庄的曲裾深衣，象征花季少女的美丽；大袖长裙礼服则显示了成熟女性的雍容典雅。

此时,尚未行礼的清照还是幼年的妆扮,身着童年的彩衣,梳的也是幼年的发式。此刻,她面向东,在筵席上跪坐,正宾的助手捧上托盘,奉上发笄。正宾先吟颂祝词,然后给清照束发挽髻,梳头加笄,清照回到东房内,换上素色襦裙,到礼堂向众人展示,宾客作揖祝贺,"初加"完成。清照来到父母身前,向他们拜谢养育之恩,此为"一拜"。

"初加""一拜"之后,是"再加""二拜"。清照仍面东席地跪坐。正宾的助手捧上托盘,奉上发簪。正宾接过之后,再次吟颂祝词。正宾的助手取下清照头发上的笄,正宾为她插上金钗。清照再回东房,换上曲裾深衣,然后拜谢师长。

"三加"时,清照仍面东席地跪坐,正宾的助手捧上托盘,奉上凤冠,正宾接过,第三次吟颂祝词,正宾助手取下清照头发上的金钗,正宾为她戴上凤冠。清照再回东房,换上大袖长裙礼服,然后进行"三拜",拜的是天地神灵和祖先。

此后,宾主入席。正宾用酒器盛酒,再吟颂祝词,然后把酒交给清照。清照接过酒杯,跪在地上,先将杯里的酒洒一些在地上,然后饮尽。其后,由李格非夫妇对清照进行教诲。清照跪地静静聆听,聆训结束后再次拜谢父母。清照起身,向所有来宾行礼。李格非向来宾致谢意。至此,整个及笄之礼终告结束。

实际上的仪式,远比描述得更加烦琐复杂。大约古人认为仪式越繁杂,越能显得隆重,从而表达对生命的敬畏和珍重吧。的确,人生一些最重要的时刻，因为有了仪式，才与无数个平淡的日夜区别开来，成为记忆中永不磨灭的留存。这一天，李清照很累，心情也很复杂，身体和心智都日益成熟的她，无比清晰地意识到，笄礼之后，自己的人生要开启新的篇章了。

常记溪亭日暮——移居东京

有人认为李清照从七八岁起便开始移居东京,但依据其清新自然的词作风格、对花木山水的钟情与描摹自然的深致笔力来推断,她的心灵一定经历过为时不短的自然风物的涵育,所以更加可信的说法是,行过笄礼之后,李清照被父亲接到了东京,从此,开始了长期身在都城的生活。

此时的北宋朝廷虽已渐渐显出衰颓之势,但京城汴梁看起来仍然如张择端的《清明上河图》和孟元老的《东京梦华录》中描绘的那样富丽繁华、热闹非凡,一条条街道商铺林立,人流熙攘。与宁静清美的明水比起来,这里独具魅力的市井风情让清照感到新奇和喜爱。虽然以前她也常来东京,但毕竟不是长住,且那时候年岁还小,对事物的感受力远不如现在丰富和深刻。

宋朝是一个极具生活美学情韵的朝代。网络上流传很广的一句话是:"如果能够穿越,我最想回到宋朝。"历史学家陈寅恪曾说:"华夏民族之文化,历数千载之演进,造极于赵宋之世。"宋朝虽然在政治上积贫积弱,文化上却极度繁荣强盛。宋朝宵禁制度已经解除，文化、政治等各项制度也变得开明、宽松，市民相对自由，这反映在世俗生活中，就是多彩斑斓，极富现代气息。

李清照和父亲、继母以及弟弟李远住在有竹堂。平日里，父亲去任上公干，继母忙于操持家事，李远上学，堂兄李迥虽也在东京，但已入太学读书，只剩清照一人。她就在自己的闺房里读读写写，有时候也画画、练书法，觉得闷了就出门去散心。

当时的东京，商业已经相当发达，商品经济的发展带来了社会风气的宽松和自由，女性已经不再被禁足于深闺大院，除了节日期间可以光明正大地出游，平时也可以在街市上出现。比如，《清明上河图》中的二十几位女性形象，有和丈夫一起逛街买花的小妇人，有带着孩子的母亲，有站在轿子旁的贵妇，也有忙碌干练的女商贩……

所以，那时候的李清照，极有可能也曾在晨起时去赶早市，看到有人卖宰杀好的猪羊牛，遇到进城卖农产品的农民，听到菜贩响亮的吆喝，挤在熙攘的人流中，去游园、逛街，到酒楼吃美味菜品，饭后还有水果甜点（如果是夏天，还有冰镇的）；慵懒的午后，可以去茶坊喝茶，还可以观看或者参与斗茶；入夜，可以到瓦舍勾栏中观看让人眼花缭乱的表演，如杂剧、皮影戏、魔术、杂技等。

如果把明水的生活比作如水般清宁纯美，那么东京的生活就如酒般浓烈醇厚，在这里，李清照看到了生活的更多可能性，也开始逐渐触摸到生活的更深处。这些经历在不知不觉中对她的情感、思想产生着潜移默化的影响,成为其才华和人格的潜在养分。虽然清照性格活泼开朗,喜欢户外活动,但她最爱的还是安静地坐在书桌前,或读或写或思。

来到东京,父亲丰富的藏书尽可取看,李清照读书的眼界更加开阔,思维日渐深刻,再加上经常聆听父亲的友人关于诗词文赋的谈话,所有的这些因素合并之后,最终的结果便是,她自己创作的时机已经非常成熟。在众多文学体裁中,词最易于表达内心丰富细微的情感,也最令清照喜爱。不知哪一天,她读着别人的词,突然就想起了阔别已久的故乡的水色湖光和往日悠闲自由的时光。某一次日暮时分的湖上泛舟,是记忆里最美的画面。回不去的往昔,可以在文字里永存。很快,一首小词《如梦令》(常记溪亭日暮)诞生了:

常记溪亭日暮,沉醉不知归路。兴尽晚回舟,误入藕花深处。争渡,争渡,惊起一滩鸥鹭。

这次泛舟之游具体在哪里,历来没有定论。有人认为词中的"溪亭"是指济南大明湖附近的溪亭泉,也有人认为这只是指"溪边的亭子",位于明水的莲子湖,是李清照在行笄礼之际出游的地方。不管怎样,那是一次特别的出游,年少的纯真烂漫,无拘无束、亲密默契的玩伴,灵秀清明、怡心悦目的景色,让人忍不住一次次回想过往……

黄昏，晚霞在天边织起云锦，清照和同伴泛舟湖上，大概已经游玩了很久，她们在一起谈笑风生，或许是因为喝了酒（那时女子若征得家人的同意，是可以饮酒的），或许是因为此情此景让人沉醉，总之划船的人准备回家时竟然迷失方向，又把船划到了湖心深处，船在荷花丛中穿梭，惊得在水中栖息的一滩水鸟都"扑棱棱"地乱飞起来。

短短的一首词，犹如在我们面前播放了一部生动有趣的微电影。"常记"表明是回忆过去，"溪亭日暮"四字交代了时间、地点，接下来讲述的是极具画面感的、有动有静、人与景完美契合的短故事。"沉醉不知归路"，直接省去整个游玩过程的交代，只截取最动人的一幕场景进行放大、延伸。在美景中沉醉的少女，犯了一个美丽的错误，"误入"反比有意识地进入"藕花深处"更让人惊喜，那一滩惊飞的鸥鹭多么像这些划船少年渴望放飞的心啊！

李清照没有想到，这一首抒发内心感受的小词竟成了她的成名作。古代女子的诗文作品流传受到限制，因此不知道李清照这首词是如何流传出去的。有人说是李格非的朋友读过之后口口相传，也有人说是李清照的堂兄李迥在太学里让人传阅。总之，这首词迅速在东京文化圈内散播开来，人们都把关注的目光集中于这个涉世未深的十六七岁的闺中女子身上。彼时，京城中会填词赋诗的名媛也为数不少，但为何单单李清照的词能脱颖而出，让许多功力深厚的著名文人也大为惊叹呢？

其实，这要从历来的诗文传统说起。在这之前，以才学为事业并非女子的主要人生目标。历史上虽也涌现出了一些才女,但像李清照这样在诗词文赋上肯下狠功夫的,寥若晨星。据说,李清照从幼年开始作诗就逼自己押一般人不敢尝试的"险韵"。李清照本就天赋异秉、家学深厚,再加上后天的自学和培养,其眼界、学识、功底自非一般女子可比。像李清照这样纯然出于本心,以浅近的语言抒发女性最真实内心的词作,还从未有过。之前虽有不少男性借女性口吻写诗词,但内容多局限于闺怨、相思等,借此抒发自己的郁郁不得志。

李清照这首词的出现,如东京上空突然吹来了一阵明水的清新荷风,令所有读到这首词的人都眼前一亮:原来词还可以这样写,原来女儿家的词并非都不堪推敲。清新、明朗、爽逸、真挚,有情怀,这样的词,能不让人喜爱吗?

除此之外,李清照此时期还创作了一首为人称道的同词牌作品——《如梦令》(昨夜雨疏风骤):

昨夜雨疏风骤,浓睡不消残酒。试问卷帘人,却道海棠依旧。知否,知否?应是绿肥红瘦。

昨日夜里,雨疏疏落落,风却骤然而起,此情此景不免勾起青春女子莫名的轻愁,这种微妙的感觉,说不清、道不明,只有借酒消愁。酒后沉沉睡去,次日晨起,酒意似还未完全消散。问卷帘的侍女,院里的海棠花可好?她大概觉得奇怪,为什么一早起来先问花事，所以随口回答说："还和以前一样。"唉，她哪里知道，此刻的海棠，叶子应该更加肥大、茂盛，可是花朵却被风雨摧残得如憔悴女子一般形销骨立了。

有人认为这首词从两句唐诗点化而来：孟浩然的《春晓》中有"夜来风雨声，花落知多少"句，韩偓的《懒起》中有"海棠花在否？侧卧卷帘看"句。但清照此词青出于蓝而胜于蓝。寥寥数字，有时间的跨度，有对天气的描写，有人物对话，有现实，也有想象。情景交融，虚实相生，对微妙情感的描摹尤为动人，不直接表达对青春和生命易逝的感伤，而是通过词人和卷帘人的问答和推想，引人在字里行间细细寻味。"应是绿肥红瘦"这句更是语新意工，在此之前，从未有人将此四字组合在一起，一红一绿，一肥一瘦，对比鲜明之中，词人幽微的心绪暗藏其中，清新柔婉之中又有无尽深意。

这两首词，使李清照的才名渐为人知。十六七岁的女子，初试身手就如此不凡，真是令人叹服。但李清照之所以在历史上绝无仅有，不只是因为她婉约深致的词作，还因为她风骨劲健、境界开阔的诗文，以及她刚柔相济的性格、心系家国的胸怀、丰富细腻的情感和跌宕曲折的人生。

才力华赡名难掩——两首和诗

古代文人写完诗，会与友人相互传阅，亦会酬答唱和。也就是说，读过别人的诗之后，再写一首和诗，与原诗在内容或者思想情感上有关联。有时，诗人读到前朝历代某首诗，如果有感而发，也会写和诗。

李格非的好友中，有一位是"苏门四学士"之一的张耒。张耒，字文潜，宋神宗熙宁六年（1073）进士，他与李格非同在京师为官多年，交情深厚，常常聚在一起谈诗论文，共议国事。即使后来不在一处，他们也一直保持着书信往来。李格非去世后，张耒还为他作了墓志铭。

有一次，张耒作了一首《读中兴颂碑》诗，拿给李格非看。唐肃宗上元二年（761），元结撰写了《大唐中兴颂》一文，由著名书法家颜真卿刻于浯溪石崖上，碑文记述了安禄山作乱、肃宗平乱、大唐中兴的史实。张耒的这首诗就是读了《大唐中兴颂》碑文后有感而发所作。当时，北宋政局混乱，张耒作此诗有借歌颂唐朝平定叛乱之功而希望北宋政治清明、安定之意。此诗一出，黄庭坚等众多文人名士纷纷和诗,但令大家都没有想到的是李清照居然也写了和诗,而且一写就是两首。

浯溪中兴颂诗和张文潜二首

其一

五十年功如电扫,华清花柳咸阳草。

五坊供奉斗鸡儿,酒肉堆中不知老。

胡兵忽自天上来,逆胡亦是奸雄才。

勤政楼前走胡马,珠翠踏尽香尘埃。

何为出战辄披靡,传置荔枝多马死。

尧功舜德本如天,安用区区纪文字。

著碑铭德真陋哉,乃令神鬼磨山崖。

子仪光弼不自猜,天心悔祸人心开。

夏商有鉴当深戒,简策汗青今具在。

君不见当时张说最多机,虽生已被姚崇卖。

其二

君不见惊人废兴传天宝,中兴碑上今生草。

不知负国有奸雄,但说成功尊国老。

谁令妃子天上来,虢秦韩国皆天才。

花桑羯鼓玉方响,春风不敢生尘埃。

姓名谁复知安史,健儿猛将安眠死。

去天尺五抱瓮峰,峰头凿出开元字。

时移势去真可哀,奸人心丑深如崖。

西蜀万里尚能返,南内一闭何时开。

可怜孝德如天大,反使将军称好在。

呜呼!奴辈乃不能道辅国用事张后专,乃能念春荠长安作斤卖。

这两首和诗很长,言辞铿锵,气骨雄健,含蕴深广,如果不说作者是谁,断然看不出此诗出自一位柔弱女子之手。读过这首诗的人无不惊讶。一般说来,像这样关乎历史、政治的诗词内容,女性是不感兴趣的。或者说,女性由于性别和身份所限,难以有开阔的视野和深刻的思想,去对前朝国家的兴衰功过做出评价。但李清照不同,她在这首诗中不但提出了自己独到的见解,而且境界比张耒还要高远。

张耒的诗,如果说有借古讽今之意,那也只是轻浅的。而李清照在这两首诗中,不但深挖唐朝安史之乱产生的根源,而且一针见血地指出,安史之乱结束后,唐朝之所以没有复兴,在于内乱,在于本身的腐朽。她在诗中还表达了一个很明确的观点:统治者应该从历史事件中吸取经验教训,不要只知刻碑歌功颂德。这其实正是对当时朝政的鲜明影射和劝谏。那时候的北宋朝廷正处于混乱之中,君主不力,群臣离心,党争纷起,国家的未来令人担忧。这些应该是李清照从父亲和友人的谈话中得知的。

如果是一般的女子,听过也就算了,并不会对此深入思考,或者由于思维能力有限，想也想不透。但李清照不同，她博览群书，喜欢思考，有极强的感受力和领悟力，也有着不同于一般女子的心性和胸怀——不只是吟风弄月，不只是闺阁情韵，她的心里还装着家国社稷，虽被困于斗室之内，虽被一介女儿之身束缚，但她的所思所感可以通过笔来表达，她希望用这样的方式，让政治清明、社会安定，这样父亲的愁眉和叹息就会少一些，天下人的日子也会好过一些。这是李清照过人的才华和特别的个性。

在苏轼众多的门生和崇拜者中，张耒能成为"四学士"之一，绝非浪得虚名。他出生于诗书之家，十七岁作《函关赋》，被广为传诵，二十岁中进士，曾得到王安石的欣赏和举荐。宋熙宁八年（1075），苏轼在密州修超然台，张耒应约写了《超然台赋》，苏轼赞其"超逸绝尘"，其文"汪洋淡泊，有一唱三叹之声"。张耒的诗关注现实，艺术上博采众长，历来评价很高。吕本中的《童蒙诗训》说"文潜诗自然奇逸，非他人可及"，他的同门晁补之夸赞他说"君诗容易不著意，忽似春风开百花"，朱熹说"张文潜诗其好处亦是绝好"……

面对这样一位光芒耀眼的前辈，李清照不畏惧、不盲从，敢于发出自己的声音，敢于超越，这得需要多大的勇气？著名作家徐则臣说过"比才华更重要的是勇气"。才华只是一种潜伏的能力，只有勇气能让才华从心灵中绽放繁花，赋予生命现实的价值。

如果说李清照的两首小词《如梦令》让世人看到了她柔美婉约

的一面,那么这两首和诗则显示了她不同于流俗、巾帼不让须眉的刚强劲爽的一面。她这种刚柔相济的个性,贯穿在她的诗词和一生中,所以才有后来清代的李调元在《雨村词话》中这样评价她:"不徒俯视巾帼,直欲压倒须眉。"李清照不仅仅是女子中的翘楚,也胜过许许多多须眉男儿。比李清照稍晚一些的宋人王灼,虽然对李清照后来的私生活颇有微词,也不得不承认她过人的才华:"自少年便有诗名,才力华赡,逼近前辈。在士大夫中已不多得。"

在写出《如梦令》词之后,李清照已声名远播,此次写了这两首和诗,更是令当时的文坛轰动,前辈名流大加推崇、交口称赞。虽然李清照收获了很多艳羡和欣赏的目光,但她并没有因此骄傲自满,就此止步。她的心是一片深邃的海,其中蕴藏着多少能量,恐怕连她自己也无法确知。她只是顺应着天性,真实、诚恳地表达自己对这个世界的看法和思考,对生活的感知,对自然万物的凝眸,对自己内心的关注。

"李清照"这个名字,越来越频繁地被人提及,在当时北宋的文艺圈中,在那些文人雅士的集会中,在李清照的堂兄李迥所在的太学中……尽管李清照本身或许并不想出名,但她的光芒是遮不住的,才名难掩,这位出身名门、兰心蕙质、才貌双全、待字闺中的女子,一时间成了很多青年才俊心目中的理想伴侣。面对越来越多提亲的人,像李格非这样的父亲,一定会尊重女儿的意愿。什么样的男子,才配得上这个清丽纯洁、玲珑剔透的才女呢?而李清照心目中的如意郎君,又是怎样的一个人呢?

小院闲窗春色深，重帘未卷影沉沉。倚楼无语理瑶琴。远岫出云催薄暮，细风吹雨弄轻阴。梨花欲谢恐难禁。

——《浣溪沙》

关于这首词，史料中并没有记载确切的写作背景。但从词意来看，很多研究者认为是李清照早期独居闺中所作。"春色深深深几许"，绿树繁花掩映着宁静的小院，词人的居所，窗户随意地半掩半闭，重重帘幕低垂，闺房内暗影沉沉。心头涌上莫名的轻愁，又说不出口，只是默默地倚楼独望了一会儿，又坐下来弹弄一会儿瑶琴。淡淡远山被漫不经心的云雾笼罩，薄薄的暮色已经逼到眼前，黄昏的微风细雨中，这满树洁白如玉的梨花马上就要谢了，春光易逝，如同人的青春年华般短暂且珍贵，这一切，谁又能阻止得了呢？

告别年少的懵懂，也就告别了纯粹的快乐。此时的李清照像大多数即将进入婚恋之门的女子一样，时不时地被微妙的情绪左右，总有一些难言的心事，总有一些潜藏在心底的情愫，只有用纸和笔才能找到出口。关于嫁人这件事，她又烦恼又欢喜，既畏惧又期待。她还不知道，她的诗词，就是良媒，会把生命中最重要的、必然会出现的那个人带到她的面前。

月移花影约重来——相恋

在当时的东京城中,大相国寺是最庄严、也是最繁华的寺院,这片喧嚣都城中的清宁净土,是文人雅士云集之地,也是皇帝祝寿、祈福、接见使臣的场所之一。因濒临码头,这里又是最热闹的交易市场,每月初一、十五和逢八的日子都有庙会,所售商品应有尽有,服饰、药物、文具、生活用品、土特产……还有专门的书画古玩交易市场,有点儿像北京的琉璃厂、潘家园,或者西安的书院门、西仓古市。高雅的艺术和世俗的烟火气息毫不违和,很多大家名流都喜欢到大相国寺淘宝,如黄庭坚、苏轼等。

李清照非常喜欢大相国寺,常和父亲、弟弟同来。大相国寺离太学不远,李迥和他的同窗也常来,其中有一个叫赵明诚的太学生,更是这里的常客。初一、十五正是太学放假的日子,赵明诚在书画市场慢慢地走,细细地看,这位痴迷于书画碑帖和金石古董的青年被人称为"金石才子"。也许在大相国寺的庙会上,他曾和李清照擦肩而过,却因素不相识而错过。其实不能说素不相识,"李清照"这三个字早已在他心上留下了鲜明的痕迹,只不过无缘相见。

李清照才学名动京城,她的诗词被人们广为传抄、诵读,太学生们也不例外。李迥总是第一时间把李清照的新作传播给同窗。读到李清照的词,赵明诚的心被深深触动。相似的灵魂总能够心意相通,即便有时空的阻隔,即便不曾谋面,只看到那些洞穿心灵的文字,就可以让人与人之间感觉如此亲近和默契。赵明诚对李清照的感觉,正是如此。

对于"赵明诚"这个名字,李清照也常常听到。除了堂兄李迥说过,与李格非交情很好的陈师道、米芾也经常提到。陈师道是赵明诚的姨夫,他对这个外甥喜爱有加,赞不绝口。慢慢地,李清照知道了赵明诚是当朝吏部侍郎赵挺之的三公子,他品性温良、行为端正,从九岁起,就开始喜欢研究金石收藏。金石学形成于北宋时期,以古代青铜器和石刻碑碣为研究对象。欧阳修曾致力于此道,写了一本《集古录》。

这么小的男孩子,就能够立下一生的志向,并且能够静下心来,默默于书斋中与那些古旧的书画碑帖、金石文物为伴,这使得赵明诚显得很特别,因而也是少有才名。正如赵明诚对李清照的感觉一样,李清照也觉得赵明诚是她所知道的世家子弟中一股让人赏心的清流。他们未曾相见,就互生好感,并在心中悄悄地怀想。

上苍毕竟是悲悯的,最终安排机缘让他们相见。其实从现实的角度来说,两家人之间有着千丝万缕的联系,相见总是有机会的。关于李清照和赵明诚的初次相见,历来比较一致的说法,是在大相国寺的上元节灯会上。这样热闹的节日集会,很多人都会带着家眷出游。平日里难得相见的青年男女会在此刻相遇，只一个眼神，便可开始一段故事。正如欧阳修的词中所写："去年元夜时，花市灯如昼。月上柳梢头，人约黄昏后……"

李清照随家人在熙攘的人流中观赏美丽的花灯，迎面遇到赵挺之和他的家人，两家人互打招呼。其时，李格非在朝中任礼部员外郎，与赵挺之虽谈不上交情深厚，但同朝为官，总是认识的。然后，李清照才知道，那个一身书卷气的俊朗男子就是赵明诚；赵明诚也终于见到了在心中想象了无数遍的女子，她和她笔下的文字一样清丽。这种美，虽不能说是倾国倾城，但像明亮的月光，是一种大家闺秀的从容清逸；不是柔弱无骨、楚楚可怜的风致，也不是雍容华贵、盛气凌人的气势，而是梅花那样出尘脱俗、有气韵、有风骨的美。

自此，爱情的种子在两个人的心里落地生根。无须多余的言语，一眼就已足够。那夜之后，她仍做她的大家闺秀，他仍是太学里的优秀学生。只是，她在读书吟诗、填词作赋之余，他在鉴赏书画、把玩金石之暇，眼前心上，总会时不时地闪过一个人的面影。这样甜蜜的煎熬，不知可有尽头？

她是女儿家，无法可想。他身为男儿，行动相对自由很多。想见面，自然会找到借口和托辞。李格非曾任教太学，可以说是赵明诚的老师，李迥又是赵明诚的同窗好友，所以赵明诚来李清照家拜访，也是情理之中的事。

只是这样偶然的来访，李清照全然不知。那是一个初夏的清晨,花木上露珠攒聚如珠,闪闪发亮,空气洁净如洗,很多花朵已经谢幕,花园中只开着几株细细瘦瘦的花。那一树青梅,子实如豆,清新可爱,它的生命,正如豆蔻少女,青涩而又鲜活。清照想:这样的时刻,应该去做一些悠然自在的事。那么,去荡秋千吧!平日里被种种束缚困住的身体,在随风跃动的刹那,可以获得飞翔的快感,哪怕只是短暂的瞬间,也能让人感到满足和宽慰。

清照荡了不短的时间,累了,微微的汗已湿了她轻薄的衣衫,大概是因为紧握秋千绳索,两只纤纤素手似乎有些不听使唤了,正想慵懒地随意休息一会儿,突然看见一个人走了过来。这个人,是想见又怕见的那个人。他这样贸然闯入,真是恼人,一点儿准备都没有,如果要见面,也应该好好妆扮一番,让他看见自己最美的样子。羞涩慌乱中,她只好匆忙逃走,绣鞋也跑掉了,发上的金钗也掉落在地。但是就这样走了,似乎又太不甘心,多想再多看他一眼啊!回头去看他吗?太直接的回眸又太难为情,还好有门边那株青梅掩护,就假装嗅青梅,回头再看一看他吧!

恋情初萌,怦然心动,那个美好的清晨,在李清照的心里无数遍地回放,最后落笔成词:

蹴罢秋千,起来慵整纤纤手。露浓花瘦,薄汗轻衣透。见客入来,袜刬金钗溜。和羞走,倚门回首,却把青梅嗅。

——《点绛唇》

从未有一个人，能把青梅季的少女心描摹得如此细致入微、清新自然。词中并未写明"客"是谁，但少女见到他那么慌乱、羞涩，除了初恋的人，还能有谁？女儿家的心事，本来就说不清、道不明，这里只用寥寥几个字，用少女的动作、神态描写，揭示她的内心世界，含蓄蕴藉，又丝毫不显矫揉造作，因为浅近清简的语言，道出的是人最真实、最纯洁的情感。少女荡秋千时的自在快活，疲惫时的慵懒娇憨，当心上人意外出现时的慌张无措，欲走还留时内心小小的纠结，都显得如此可爱、动人。

也有人说，那个清晨只是李清照想象中的一个场景，但如果没有亲身体会，恐怕难以写出如此真切的词句。所以我们愿意相信，那是赵明诚突然闯入李家花园时，俩人甜蜜中夹杂着小小尴尬的一次相会。

不知道赵明诚当时的表现和感想又是怎样的。从李清照的又一首词作中可以推断，他们彼此心照不宣，心灵契合，虽不能像现代的男女一样花前月下、卿卿我我地时常约会，但这种朦朦胧胧、有着些许阻隔又笃定情深的精神爱恋，是逐渐升温的。

绣面芙蓉一笑开，斜飞宝鸭衬香腮。眼波才动被人猜。一面风情深有韵，半笺娇恨寄幽怀。月移花影约重来。

——《浣溪沙·闺情》

面如芙蓉的女子，不知为了什么事，笑靥如花，内心的幸福无法掩藏，不由自主地全显露在了脸上。她手托香腮，云鬓半挽，眼波流转，让人一看就知有心事。原来是想起了与心上人约会的情景，爱情啊，总是这么让人心意难平。相思磨人，那么就给他写封信吧，不知为什么，下笔时一半信纸都写满了怨言，恨他为什么不早点儿来约她，恨他让自己这么为情所困，这恨也是带着娇俏的爱意，其实不过是，想让他与自己在月光如水、花影拂动的夜晚，再来一次美好的约会。

这首词中的女子未必是李清照自己，但那种恋爱中女子的心情，想必和李清照的体验并无二致。李清照是文字的精灵，特别善于用平常的语言，借助对外界环境以及人物神态、动作的描写，展示那幽微细腻、转瞬即逝的心灵表情。爱情已然降临，只是，这爱会开花结果吗？

造化可能偏有意——完婚

其实李清照的担心完全多余,那日在园中蹴罢秋千的偶遇,不但没有破坏她在赵明诚心目中的美,她的慌乱、羞涩,反而增添了她的美,也让赵明诚看清了她的心,从此更笃定了和她共度一生的愿望。蒙上天垂怜,赐予他们这一段情缘,如若不能延续,那将是一生的憾恨。

彼时,像赵明诚这样,家庭出身和才学品貌都无可挑剔,且身为太学生、前途一片光明的青年,自然是无数女子想嫁的如意郎君。面对络绎不绝的上门提亲的人,赵明诚始终不为所动。女人如花,触目横斜千万朵,赏心又能有几枝?庸脂俗粉入不了他的眼,有貌有才但缺乏情趣、品性不佳的人,亦入不了他的心。他一直在等一个对的人。直到李清照的出现,他才知道,此后,不必再等,不必再寻。

李清照与赵明诚,才貌品性相当,家世背景相当,他们结合的最大阻力在于双方的父亲在朝廷中分属不同的阵营。李格非以文章受知于苏轼,被划为元祐旧党,而赵挺之与章惇同为一派,属新党。赵明诚究竟用了什么办法才说服父亲去向李清照家提亲的呢？这历来是一个谜，元人伊世珍在笔记小说《琅嬛记》中记载了这样一段故事：

赵明诚到了该娶亲的年纪，姻缘却一时难定。有一天，他做了一个梦，梦见读一部古书，书中的内容醒后全忘了，只记得三句话："言与司合，安上已脱，芝芙草拔。"赵明诚将这件事说给父亲听。赵挺之将这句话琢磨了一番，然后告诉赵明诚："你将来会娶一位擅长写词的女子为妻。"见赵明诚不解，赵挺之解释说："'言与司合'就是'词'，'安上已脱'即为'女'，'芝芙草拔'就是'之夫'，合起来不就是'词女之夫'吗？"

古人都相信姻缘天定。一定是梦中神灵托言，但"词女"是谁呢？赵挺之思来想去。据他所知，京城中最善于写词的女子，只有一个，那就是李格非的女儿李清照。就这样，李清照成了赵明诚的妻子。

这只是一个故事，真实的情形究竟怎样，谁也不知道。但是从人情世理和当时的社会形势来推断，应该是赵明诚努力争取，或许发过"非李清照不娶"这样的誓言，再加上赵挺之对现实权衡考量之后的让步和妥协，才成就了这一桩被现代人称为"低概率事件"的完美婚姻。

那一年，宋哲宗驾崩，因没有子嗣，便由皇弟赵佶继位，就是宋徽宗。传说宋徽宗出生前，他的父亲宋神宗曾观看李煜的画像，而他的生母则梦到李煜。的确，赵佶与南唐后主李煜的人生轨迹何其相似,都是误坐上皇位的天才艺术家。宋徽宗喜欢诗文书画,喜欢瓷器收藏,喜欢浪漫的爱情,喜欢享受尘世的美好。他创造了书法史上的"瘦金体",他的墨笔花鸟画和题画诗开风气之先,在艺术史上的贡献非常大。但是,在治理国家方面,他却显得低能,以致政事荒废,骄奢淫逸,臣僚尔虞我诈,党争纷乱,国运日渐衰弱。

实际上,这位亡国之君在最初当政时还是非常用心的。他登基后,立即罢免了章惇,也为民生社稷做了很多有益之事。没有了身居高位的奸臣,党争矛盾也就不显得那么突出,这使得赵挺之和李格非的身份对立弱化了很多。再加上俩人虽属不同党派,但都不是核心人物,并没有直接的矛盾冲突和私人恩怨,俩人还同属山东同乡,只不过李格非是章丘人,赵挺之是密州人,他们并非势如水火的敌人,只是政见不同,站在不同的队伍里而已。在这样的情形之下,赵挺之最终决定以儿子的幸福为重。况且平心而论,李清照的确是难得一遇的好女子,娶这样的儿媳妇进门,也是一件幸事。

就这样,赵挺之派人上门向李清照家提亲了。李格非虽然对赵挺之的为人、做派并不认同,但女儿的幸福才是最重要的,看得出来,女儿早已与赵明诚情投意合,放眼京城,能够配得上女儿的,除了赵明诚,恐怕也找不出第二个人来。因此,他点头应允。

得知赵明诚来提亲,李清照自然欢喜得无以复加。虽然她还不懂政局的复杂,但也知道父亲和赵挺之的对立,可见他为她们的爱情已经尽了最大努力,才得到了这样一个圆满的结果。就像一个遥远缥缈的梦,如今成为现实,李清照感到甜蜜又忐忑,真的就要告别无忧无虑、自由自在的少女时代,从此成为人妻了吗?

> 淡荡春光寒食天,玉炉沉水袅残烟。梦回山枕隐花钿。海燕未来人斗草,江梅已过柳生绵。黄昏疏雨湿秋千。
>
> ——《浣溪沙》

李清照的这首词,少了一些明快活泼,添了一丝多愁善感。寒食天气,春光淡荡,正是踏青好时节。她却独居闺房,百无聊赖。从春梦中醒来,斜倚山枕,花钿从发上掉落一边,也不去管,兀自对着香炉里袅袅飘散的残烟凝神。窗外,江梅早就谢了,初生的柳絮飘飞如雪,燕子或许正在从海那边飞来的路上,那些天真无邪、心无挂碍的女孩子,应该都出门去斗百草了吧?就像自己童年和少年时所经历的那样,一大群伙伴来到原野,尽其所能地搜罗奇花异草,看谁认识的花多,看谁找到的草特别,那种骄傲和快乐,永远不会再有了。自己已经长大了,即将嫁为人妇,这种惆怅的心情,谁人能懂?默默地坐着,不觉已到黄昏,疏疏落落的雨,正滴在荡荡悠悠、空无一人的秋千架上。

每个待嫁的女子都会生出这样微妙的心绪吧?有对过往的留恋不舍,也有对未来的向往和畏惧。从此,就要告别亲爱的家人,告别儿时的玩伴,告别熟悉的一切,去到一个陌生的地方,融入新的家庭,和那个人同床而眠、朝夕相伴,开始另一种新的生活。由于人生角色的转换带来心理上的不安,很多女子在出嫁前,常会变得多愁善感,所以我们也就不难理解李清照为什么会在确定了与赵明诚的亲事以后,会在春光淡荡之时,独自幽居,黯然神伤。

古代婚嫁礼仪包括"三书""六礼",最早从西周开始,《礼记》《仪礼》中就有记载。"三书"指的是订亲时的聘书、过大礼时的礼书以及迎娶新娘时的迎书。"六礼"包括纳采(提亲)、问名(取庚帖)、纳吉(订婚)、纳征(下聘礼)、请期(商定结婚日期)、亲迎(拜堂成亲)。到了宋代,婚嫁仪式进行了简化,只有纳吉、纳征、请期、亲迎这四项。据说李清照的聘礼不要金银珠宝,只要书画诗帖,而这些正是赵明诚喜好收藏的,如此别致脱俗的聘礼,也印证了俩人确是天作之合。

婚期定了,虽有些不安,但清照是乐观的,况且嫁的是如此深爱之人,对未来的憧憬让她满心愉悦。她这样描述待嫁情怀:

雪里已知春信至,寒梅点缀琼枝腻。香脸半开娇旖旎,当庭际,玉人浴出新妆洗。造化可能偏有意,故教明月玲珑地。共赏金尊沈绿蚁,莫辞醉,此花不与群花比。

——《渔家傲》

白雪皑皑中,一剪寒梅点缀在覆雪悬冰的梅枝上,这最早报告春之消息的使者,含苞欲放,暗香浮动,像"犹抱琵琶半遮面"的美人。雪落梅上,梅花更显光鲜润泽,宛若刚刚出浴新妆的美女一样,冰清玉洁地站立在庭院中。大自然也偏爱这梅花吧,不然,今晚的月色怎会如此清透玲珑、惹人沉醉?面对良辰美景,在银色的月光下,请用金色的酒杯盛满美酒,尽兴地赏月、饮酒、品梅、赋诗吧!梅花是如此特别的一种花,别的花怎能与它相比呢?

李清照的词中写过很多花,如桂花、木樨花、菊花、牡丹……写梅花的词最多,共有八首。李清照独爱梅花,其实她不就是一枝梅花吗?不从流俗,孤清高洁,勇敢做自己。这首词应是李清照待嫁之时和朋友月下赏梅之后所作,最后应还有一句潜台词没有写出来,那就是连梅花都这么与众不同,作为人,也应该鄙弃尘俗,不受成见束缚,活出自我。这是贯穿李清照一生的信念,她看似在写梅花,其实也在写自己。"造化可能偏有意"一句未尝不是在说:蒙上天偏爱,让我能够嫁给心爱的人,让我的人生如月光照耀下的梅花那般美好。

不久之后,李清照和赵明诚完婚。这一年,她十八岁,他二十一岁。可以想见洞房花烛之夜,新郎新娘的幸福和满足,如此才貌相当、志趣相投、心性相近、灵魂契合的天成佳偶,世上的确不多见,这是造化的"意"。只是,不知这上天的偏爱,能否眷顾他们一生?

卷二 琴瑟鸣——婚后相对平稳的岁月

怕郎猜道，奴面不如花面好——新婚的甜蜜

婚后的生活的确有些不同，要适应陌生的环境，要侍奉公婆，要面对新的家人，再也不能像以前在自己家时那样无拘无束。但这一切和新婚燕尔的甜蜜比起来，又算得了什么！

赵明诚仍在太学就读，只每月初一和十五有假，尽管不能每日厮守，但这丝毫不影响他和李清照的感情。相反，正因为有了分离，相见相守时的快乐被放大，从而让爱意变得更浓。那时的光阴，仿佛每天都是丽日晴空，心里的喜悦满得像要溢出来，恨不能向全世界宣告自己的幸福。

无论什么样的感情，痛苦抑或幸福，感受太深、太多时，就需要释放和宣泄，如此才能维持精神的平衡和健全。幸而有词，李清照彼时彼地的内心才得以让我们窥见，我们也借此看到一个和我们距离最近的李清照，她的爱，她的快乐，她的娇俏，她的小心机，像每一个被爱宠坏的女子一样，真实、立体、有血有肉。

卖花担上，买得一枝春欲放。泪染轻匀，犹带彤霞晓露痕。怕

郎猜道,奴面不如花面好。云鬓斜簪,徒要教郎比并看。

——《减字木兰花》

在赵明诚上学的日子,李清照闷极了,会出门去闲逛。正是春天,路上有人挑担卖花,她相中一枝含苞欲放的花,花色艳若天边的彤红霞光,花瓣上缀着的点点露珠,似是花儿轻轻哭泣时流下的泪。把这样的花带回家插在瓶中,就好像邀请春天住进了家里。看着花儿,越看越觉得美,无意间在镜中看见自己的容颜,李清照突然暗自思忖:明诚回来后,他会不会觉得我不如这花儿美?对了,我就把花斜簪在我的鬓角,我偏要问问他,让他回答,到底是我美,还是花美。

读这首词,一个撒着娇、使着小性子的小女子形象宛在眼前。只有在最爱的人面前,女人才会有这样的表现,看似有些小小的难缠和不讲理,有小俏皮、小机灵、小心思,只是因为那个人宠她、爱她、包容她、欣赏她。她问情郎:"我和花谁美?"这问句中其实带着满满的自信,她希望也相信自己在他眼里是最美的。

写诗作文,人的心理和情绪最难表达,尤其是女人心,心念瞬息万变,要及时捕捉,要充分表现,还要让人很容易读懂,这对写作技巧要求很高。李清照的过人之处就在于此,她特别善于描摹人内心极为细微的情感、思绪,用平白如话的语言,看似漫不经心、自然而然地道出,却让读的人感到真实、有趣,就好像心事被一下子说中,那种阅读的快感无以言表。李清照的词之所以受人喜爱,这大概也是一个重要原因。

有人认为这首词不够深刻,不像李清照的手笔。但那时的李清照只是一个十八岁的女孩子,正值新婚,她每天的生活如此快乐、幸福,她感受到什么,就写什么。她能够深刻,但不必时时刻刻假装深刻。真实是文学艺术的精髓,也是李清照的信仰。

李清照不仅真实,还很勇敢。她下笔写词时,一定只想着表达自我,而不会考虑这首词写出来会被别人怎样评论。如若被他人眼光左右,那李清照决然写不出那么好的词。比如,她这首描写新婚生活的词,就被人诟病稍嫌香艳:

晚来一阵风兼雨,洗尽炎光。理罢笙簧,却对菱花淡淡妆。绛绡缕薄冰肌莹,雪腻酥香。笑语檀郎:今夜纱厨枕簟凉。

——《丑奴儿》

夏日向晚,风雨让炎炎暑气暂退,凉意顿生,人的心情也很好,吹弹几曲后,闺中女子坐在菱花镜前,将自己淡淡地妆扮一番。轻薄纱衣穿在身上非常凉爽,枕席也清凉舒适,这样的夜晚多么惬意,年轻的夫妻在一起谈笑轻语,你侬我侬的样子真甜蜜。

这应该是李清照自己的生活体验。暑气退去的夜晚,舒适贴身的衣物,清凉的卧具,还有身边陪伴的爱人,这一切都让她感到满足和喜悦。就像我们现代人有了美好的感觉,迫不及待地想要发朋友圈与人分享一样,李清照只是真实地记录新婚生活一个断面的场景和心情，只不过贴身衣物、枕席等私密物品容易让人产生联想。比起高高在上、看起来无懈可击的优雅和端庄，偶尔流露的贴近世俗的真性情更为可贵。但如果仅凭这一点就说此词流于轻薄，未免有失狭隘。

以上只是李清照抒发新婚小女人情怀的两首词。实际上，她和赵明诚新婚生活的主流，是高雅的、审美的、艺术的。也许本身就有兴趣，也许是爱屋及乌，李清照和赵明诚一起开始痴迷于金石学。他们一起写诗填词、读书作画，也一起收集整理金石碑刻、鉴赏文物字画，偶尔也和朋友饮酒品茗，雅聚清谈。

每到赵明诚放假的日子，他就和李清照一起去大相国寺逛文物市场，遇到特别喜欢的就买下来带回家。那时候的他们，经济并不宽裕，赵明诚没有收入，家里给予的资助有限，吃穿用度均需仔细打算。李清照在晚年所写的《金石录后序》中提及，她和赵明诚曾用典当衣物所得的钱到大相国寺买文物，晚上在灯下把玩、品鉴。有一次，他们看到南唐著名画家徐熙的精品画作《牡丹图》，喜欢得不得了，但因为价钱太高，无力支付，他们征得主人的同意，把这幅画留在家中欣赏了两个晚上，最后才恋恋不舍地归还给卖主。

李清照日后回忆起那段时光，曾说俩人的生活如"葛天氏之民"，物质上极其简单，但精神上悠游自在，快乐无比，艺术探求带来的精神上的满足，使感官享受显得不那么重要。

共同的志趣让他们在精神生活上无比契合，他们互相理解，互相倾慕，互相尊重，互相欣赏，互为知己。"人生得一知己足矣"，何况他们在知己之上还做了夫妻，这才是真正的"只羡鸳鸯不羡仙"。难怪明代江之淮会在《古今女史》中慨叹："自古夫妇擅朋友之胜，从来未有如李易安如赵德甫者，佳人才子，千古绝唱。"

除了诗词文章、金石书画，出游也是这时期生活的一项重要内容。东京城内名园林立，花木繁多。李清照爱花，也爱写花。一部《漱玉词》，不时可以见到被人格化的藕花、梅花、桂花、木樨、菊花⋯⋯

> 禁幄低张，彤阑巧护，就中独占残春。容华淡伫，绰约俱见天真。待得群花过后，一番风露晓妆新。妖娆艳态，妒风笑月，长殢东君。东城边，南陌上，正日烘池馆，竞走香轮。绮筵散日，谁人可继芳尘？更好明光宫殿，几枝先近日边匀。金尊倒，拚了尽烛，不管黄昏。
>
> ——《庆清朝慢》

暮春，她和他去赏一种宫闱名花，开始只看见低垂的花帷和工巧的护栏。残春时节，这花独占风光，终于看到了花朵真容，花色淡雅，风姿绰约，有一种天然纯粹之美。群花开过之后，只有它像风露中初妆的美人，让人心醉。这美，甚至连春风、春月和司春之神也为之陶醉、倾倒。春阳明媚的京城，买花赏花的人如车水马龙，等到花朵的盛宴散时，有谁能继续为人间播洒清芬？先不想那么多了，还好有眼前开得正好的花，只需饮酒赏花，管它日暮黄昏,如此,才不辜负这美景良辰。

这首词并没有说明所写的是什么花,有人认为是牡丹,有人认为是芍药,从"容华淡伫,绰约俱见天真"一句可以看出,好像芍药一说更可信。牡丹浓艳,而这里说"容华淡伫",另外汉唐中药学书籍曾以"绰约"代称芍药。

就像春天是一年中最美的季节一样,新婚的日子,也是李清照和赵明诚婚姻生活中的春天,所有的美好仿佛都集中在一处,美景、深情、平静、安稳、喜悦、陪伴……

春天太美,也太短暂,因而这种美丽让人感到忧愁,所以有"春愁"一说。"金尊倒,拼了尽烛,不管黄昏。"李清照写这句词时,是否也有这样的伤感和担忧,所以才借酒消愁呢?那次月下赏梅,她要饮酒,现在这"独占残春"的花儿,也让她欲醉不归。敏慧如她,是否有预感这样的好景怕是不长了呢?

未必明朝风不起——李格非获罪

就在李清照与赵明诚成婚的那一年，李格非获知一个令人心痛的消息——苏轼病逝了。

苏轼，这个被后人称为全能艺术天才的著名文人，自当年被贬黄州，就开始了他被变法、党争所累的沉浮不定、曲折坎坷的人生。李清照出生的那一年，苏轼从黄州改迁汝州，后因幼子夭折，上表请求居住常州，后虽得到过短暂起用，但流放一直是其生活的主旋律，从杭州、颍州、定州、惠州再到儋州。靖中建国元年（1101），新登皇位的宋徽宗大赦天下，苏轼终于得以从蛮荒之地回归，但不幸于途中染病，六十六年的生命从此定格于常州。

然而，党争之乱并没有因苏轼的去世而止息。一年后，朝中政局又起了变化。原本依附于章惇、被贬杭州的蔡京，又获得了宋徽宗的宠信。宋代有四位著名书法家：苏轼、黄庭坚、米芾、蔡襄。蔡京是蔡襄的堂弟，据说他的书法技艺本在蔡襄之上，但因为人品不好，所以"宋四家"就把他的名字换成了蔡襄。

蔡京为人极善于机变逢迎。当年，宋神宗大力推行新法之时，他加入新党阵营。后高太后执政时反对新法,他又摇身一变成为旧党的拥护者。哲宗即位后,他又站到新党队伍,为章惇出谋划策。在受到章惇牵连被贬杭州之后,蔡京一直在寻找东山再起的机会,后来得知这个新皇帝喜爱书法字画,蔡京喜不自胜。

蔡京穷己之力四处搜罗书画珍品,再经大宦官童贯之手,送达宋徽宗手中。投其所好,宋徽宗自是欢喜,慢慢地,蔡京一步步得到了宋徽宗的重视和欣赏。

当时的徽宗还抱着励精图治的决心,想让国家变得更好。次年,在蔡京的建议下,徽宗改年号为崇宁元年,又开始推行神宗熙宁年间的新法。但他不知道,此时的新法,早已背离了王安石的"兴利除弊、为国为民"的初衷,而沦为了蔡京玩弄权力的工具。很快,蔡京被任命为尚书右仆射,也就是丞相。

蔡京一上台,便开始了对元祐旧党人士的大肆打压。那一天,李清照回到熟悉的有竹堂,看见父亲落寞的脸,知道他已经被罢了京东路提刑的官,即将被贬出京城。至于李格非被贬之后的去处,史书没有明确记载。有人说是回了明水老家,有人说被贬到了广西象郡。眼看父亲即将离开京城,李清照心如刀绞。其时唯一能够救父亲的人,只有一个,那就是公公赵挺之。

此时的赵挺之正青云直上。随着蔡京为相,他已升任尚书右丞,权力虽不及蔡京,但也相差不多。一边是被贬的亲生父亲,一边是春风得意的公公。李清照从没有像当时那样感受到政治风波的巨大影响力。

虽然一向骄傲，虽然不愿意低声下气去求人，但为了亲爱的父亲，她也顾不得许多了。李清照曾写了一首诗交给赵挺之，请求他解救父亲。原诗已散佚，如今流传下来的只有一句"何况人间父子情"。但只这一句，我们也可以想见李清照全诗是怎样的言辞恳切、饱含感情。

不知道赵挺之当时是如何答复李清照的，但他后来的行动证明了他的处世态度——相比亲家的安危，还是自己的仕途更重要。日子一天天过去，李清照知道，自己的殷殷期盼落了空，父亲的命运已无法更改，自己怀着一颗热切的心，却遭遇到如此冰冷的现实。关于那时的感受，她后来用一句诗来表达："炙手可热心可寒。"杜甫曾在《丽人行》一诗中用"炙手可热"一词形容杨国忠和杨玉环兄妹的权势，在这里，李清照想说的应该是，像赵挺之这样位高权重的人，应该是可以救父亲的，但却不肯伸出援手，真是让人极为心寒。

在这里，不免让人心生疑问：在李格非出事以后，为什么是李清照以一个儿媳妇的身份亲自去向公公求情？按理说，这样的话应该由赵明诚去说更为合适。那时的赵明诚在哪里？看着岳父被贬，看着心爱的妻子如此焦虑难安，他真的坐视不管吗？

虽然史料上没有记载当时真实的情形，但可以肯定的是，赵明诚对此没有采取任何行动。或许我们不该如此苛责，毕竟以当时的形势，以赵明诚对赵挺之的了解，他应该明白公然对父亲提出解救岳父的建议，必然不会被采纳，所以干脆选择缄默。但这也从另一个方面暴露出赵明诚性格中的一个弱点——遇大事不够勇敢，缺乏直面现实的勇气。明白了这一点,也就不难理解他此后在江宁兵变中的所作所为了。

想想那时的李清照,该多么无助!眼看着自己的父亲遭难,却无能为力。公公的冷漠,让她寒心;赵明诚的表现,让她失望。或许那一句"炙手可热心可寒"里,也隐含着对赵明诚的哀怨。原来,世界并不如故乡的泉水般清亮;原来,人心并不如春光般温暖;原来,深爱的人并不如想象中那般完美。这是人生中第一次深重的痛苦,却也让她成长。

每个人的生命都是这样吧。初时的天空澄澈碧蓝,即便有云,也是洁白的轻云,之后会逐渐聚集成乌云,天空会阴沉,会有风雨侵袭,会有电闪雷鸣,甚至会出现摧毁一切的极端天气。人在这生命气候的变化不定中,走明明暗暗路,生悲悲喜喜情,心便由一泓轻浅的泉慢慢成为深不见底的海。

李清照后来才知道,父亲被贬,也算是不幸中的幸事。蔡京为了排除异己、独揽大权,对旧党人士进行了疯狂的清算。在他的撺掇之下,宋徽宗将三百多位元祐旧党人士的名字刻在石碑上,立于端礼门外,这份名单中不仅包括已故的司马光、苏轼等,也包括李格非。被刻入党人碑的官员,重者入狱关押,轻者贬放远地。

朝廷还下令,销毁司马光、吕公著等人的画像,苏轼兄弟、黄庭坚、秦观等旧党人士的诗文书画、碑帖刻石等作品,一律不得留存、收藏。李清照发现,赵明诚不顾禁令,还在悄悄收藏苏轼和黄庭坚的书画作品,这让她的心里得到了一丝安慰,她似乎也更懂他了。也许,他就是一个沉浸在金石艺术中的、永远长不大的孩子吧,不关心政治,不慕荣利,他可以为了收集文物节衣缩食、跋山涉水,可以为了心中的学术、理想坚定不移,却在现实世界里有时候显得手足无措、勇气不足。或许,世界万物都遵循能量守恒定律,人在某一方面特别突出时,就会在其他方面欠缺,如赵明诚、宋徽宗赵佶、南唐后主李煜……如此一想,她心里的暗怨也就烟消云散了。不管怎样,除了父亲,他都是这个世界上她最坚实的依靠、最温暖的信赖。

红酥肯放琼苞碎,探著南枝开遍未。不知蕴藉几多香,但见包藏无限意。道人憔悴春窗底,闷损阑干愁不倚。要来小酌便来休,未必明朝风不起。

——《玉楼春》

梅是清照的知己。幸福愉悦时,她对梅吟色调明朗的词;孤独苦闷时,她对梅吟含蓄感伤的词。有人认为,这首《玉楼春》就是李格非被贬之后,李清照对梅忧怀时所作。

红梅的花苞探头而出,细细碎碎,不久便会全数绽放、开遍枝头了吧?真不知道这梅花会散发多少香气。这耐人寻味的香气中,包藏着无限深意。枯坐春窗,斜倚危栏,愁绪使人憔悴不堪,但还是忍不住要来看看这梅花。倘若想在花前小酌几杯,那就来吧。或许到了明天,一阵风起,花就全谢了呢。

李清照把梅花当成可以诉说心事的人，苦闷已极，无心赏花，但又忍不住要向梅花倾诉。虽然她的愁无法明明白白地说出，虽然梅花并不能帮她驱赶愁云，但只要来看看它，在花前吟一首词，酌一杯酒，心里就会好受很多。

根据词意，有学者认为"未必明朝风不起"一句暗含着对赵挺之的讽诫之意，意思是"你将来未必不会遭遇到皇帝的打击和贬抑"。但此说法似有些牵强，赵挺之毕竟是李清照的公公，虽然他不帮自己的父亲，但李清照总不至于希望他遭遇祸事。从日后赵家遭遇变故后，李清照对家人和赵明诚的态度来看，她不是那种心胸狭窄、睚眦必报之人。她既然能够在十六七岁时就写出豪气干云的两首和诗，必然不是个寻常女子，见识、气度自然也非同一般。最确切的理解应该是，李清照凭着女人特有的直觉和自身敏慧的天性，预感到了不久之后即将席卷而来的风暴，在眼前的苦闷和对未来的担忧中，临花自伤，借酒消愁，这才写下了《玉楼春》一词。只是，明朝真的会有风起，来吹落梅花吗？

云中谁寄锦书来——被迫离京回乡

时间来到了崇宁二年（1103），赵明诚的太学生涯结束，开始出仕做官。

李清照还未从父亲被贬的伤痛中走出来，现实又一次让她尝到更痛、更冷的滋味。这年九月，朝廷下令"宗室不得与元祐子孙为婚姻"，如果订亲但还未成婚的，要退亲。赵挺之虽不属宗室，但也是朝中重臣。既成的婚姻，皇帝还不至于强行拆散，但这道诏令已令李清照的处境变得极为尴尬。身为元祐罪臣的女儿，每天要面对婆家所有人，可想而知内心有多不自在。再加上赵明诚也做了官，在家的时间有限，所有的一切都要李清照独自面对。

这样煎熬了几个月，崇宁三年（1104）四月，朝廷又发诏令：元祐党人子弟不得在京居住、做官。事实摆在眼前——李清照必须回故乡明水去。

此次回乡，李清照没有了以往的兴奋和喜悦，取而代之的是黯然神伤。乡间生活的安静、清宁不再是一种闲慢生活的享受，而成为一种温和的煎熬。少年时荡舟溪亭那样的心境，永远不会再有了。

日子如负重前行的龟,一步步挪移。不觉间,风里已带一丝微凉秋意。秋风飒飒,秋雨潇潇,草木枯凋,满目苍凉,更引动人的离情别伤。相思之情,别离之苦,就像浓重的阴云压在心头,无法消散,只有诉诸纸墨:

红藕香残玉簟秋。轻解罗裳,独上兰舟。云中谁寄锦书来,雁字回时,月满西楼。花自飘零水自流。一种相思,两处闲愁。此情无计可消除,才下眉头,却上心头。

——《一剪梅》

在这红荷残谢、竹席生凉的寂寞秋日,一个人独自登上小舟,在湖里随意飘荡。想往日,少女时代的她和伙伴们无忧无虑地泛舟,和相爱的人在一起甜蜜地泛舟。如今,只有自己站在舟中,怅望远方,天涯云海两渺茫。多希望在那看不见的云中能有一只鸿雁飞越千山万水,传送书信,互诉相思。

被相思之情缠绕,夜里也不能安宁,睡不着,索性起来倚楼看月,月上中天,月光如流水倾泻一地,抬头望去,像白天一样,云依然在天空中来来去去,那足缚锦书的大雁,也该飞回来了吧?

唉,世间事就是如此,花落水流,自古就让人无奈、忧愁。想那远在天边的他,此时也应该在思念着自己吧。虽天各一方,两个人心上都挂满闲愁,相思之心始终同一。想尽办法,也无法消除相思之愁，它无处不在，刚刚在眉间消散，却又立即在心头涌起。

也有人认为李清照此次并没有被遣送回乡，仍在京城居住，这首词是赵明诚外出远游时，李清照因思念他所作。这种说法大约是依据元人伊世珍的笔记小说《琅嬛记》中的一段话："易安结缡未久，明诚即负笈远游。易安殊不忍别，觅锦帕书《一剪梅》词以送之。"伊世珍说两个人新婚不久，赵明诚出游，这首词是送别之作，但从词意来看，似乎并不相符。再加上也没有明确的证据证明李清照一直没有离京，而朝廷不许元佑党人子弟居住的诏令却是有史记载，所以李清照被迫离京回乡的说法更可信。

远在京城的赵明诚，如李清照猜想的一样，他也在思念着妻子。他们有着心心相印的爱情，分离让这种情感变得更加浓烈。但他毕竟是一个男人，刚刚踏上仕途，有很多事要做，有很多东西要学，他的世界比起李清照来说，要广阔得多，因而与李清照相比，相思对他的折磨自然也就轻淡一些。所以可以推断的是，赵明诚写给李清照的信，远远没有李清照给他的多。有时候一忙起来，很久不回信也是很可能的，因而李清照的相思之苦就更甚，尤其到了过节的时候。

离别的人，最怕逢佳节。秋已深，重阳至，旧愁未消，新愁又起。

薄雾浓云愁永昼，瑞脑销金兽。佳节又重阳，玉枕纱橱，半夜凉初透。东篱把酒黄昏后，有暗香盈袖。莫道不销魂，帘卷西风，人比黄花瘦。

——《醉花阴》

愁绪,像浓浓淡淡的云雾缭绕心头,弥久不散,白昼长得好像没有尽头,百无聊赖,只好默默枯坐,看着瑞脑香在金兽香炉中一点儿一点儿地燃烧。时间如流水,转眼又到重阳佳节,如今的时令,到了夜晚独守空房难以成眠,便觉得凉意沁身,更沁心。这样的节日,本应与家人团聚庆贺,或登高佩茱萸,或饮酒赏陶菊,可是自己只能一人,心神日夜不安。日暮黄昏,斟一盏淡酒,独对东篱,菊花的隐隐香气阵阵袭来,同样的东篱之菊,却完全感受不到陶渊明悠然的心境。还是回屋去吧,谁说这样的时刻不令人销魂?萧索西风拂卷珠帘,帘内的人儿,比那在西风中萎谢的菊花还要瘦弱、憔悴啊!

昼夜本有长短,但在古诗词中,常用"永夜""永昼"来表达主观上感觉到的时光的漫长难挨。比如,李白有一句诗是"思君达永夜,长乐闻疏钟"。通常,我们感到快乐时,时光总是过得飞快,而痛苦时,时间流逝就显得异常缓慢、迟重。李清照在这里用"永昼"一词突出了自己愁闷难解的心理感受。"莫道不销魂,帘卷西风,人比黄花瘦"一句,用西风吹帘来烘托凄清的氛围,以"瘦"照应"愁",以花喻人,用人拟花,人与花形神相似,感情相通,似融为一体。仍然只是浅白平常的语句,却显得蕴藉幽深,婉转曲折,让人深切地感受到词人"为伊消得人憔悴"的相思之深,伤怀之苦。

据说李清照把这首词寄给赵明诚，赵明诚读后大为叹服。不得不承认，李清照遇到赵明诚，是一种幸运。在那样的年代，女子无才便是德，而赵明诚除了爱情，更是从心底里钦佩、欣赏、尊重、敬慕李清照。他撰写诗词的才华虽然不及李清照，但是对艺术的鉴赏水平还是很高的。这一次，他突然就起了与妻子比试才气的心，把自己关在房里苦熬了三个夜晚，最后写出了五十首词。他把这些词和李清照的这首《醉花阴》放在一起，请朋友陆德夫来品鉴，陆德夫最后只给了一句评论："只三句绝佳。"赵明诚急问是哪三句，陆德夫答："莫道不销魂，帘卷西风，人比黄花瘦。"

这虽然是一个故事，真实性有待考证，但"莫道不销魂，帘卷西风，人比黄花瘦"这三句词历来为人称道，却是不争的事实。"知否？知否？应是绿肥红瘦""莫道不销魂，帘卷西风，人比黄花瘦""新来瘦，非干病酒，不是悲秋"，因为这三句流传千古、脍炙人口的含有"瘦"字的词，李清照还得了一个雅号——李三瘦。其实，"瘦"字在李清照的词中俯拾即是，"玉瘦香浓""鹤瘦松青""露浓花瘦""雪清玉瘦"……可见，李清照的确具有点石成金的超凡才华，稀松平常的字眼一经她手排列组合，便似有一种神奇的魔力，构成一种幽婉深秀的意境，令人着迷。

这期间，李清照的词总是笼罩着愁云。与赵明诚分离两地的愁，何时是尽头，她迷惘着，也等待着……

难言处，良宵淡月，疏影尚风流——重返东京

光阴不理会人的心情，兀自按固有的节奏流淌，不会因为人的悲欣就加快或放缓脚步。对于李清照来说，居于明水的那段岁月无比漫长。

可以想象，一个出嫁的女子，长时间住在娘家，世俗的眼光必然会对她造成压力，尽管李清照并不是一个能被他人眼光轻易左右的人，但难免也会引起心理上的不安。不仅如此，对赵明诚的思念，对未来不确定的担忧，所有的情绪郁积在心中，就是一个字——愁。这愁云终日笼罩，让每个白天都如永昼，每个夜晚都辗转难眠，触目之处，皆是伤怀。

日子就这样一天一天地过着，李清照在明水的生活平静无波，沉闷难挨，而远在东京的赵明诚及其父赵挺之的生活，却是另一番模样。

崇宁四年（1105），赵挺之官居尚书右仆射，位极人臣，但他感到了深重的危机。至此时，朝中对旧党人士已经清算殆尽，新旧党争告一段落。当外部矛盾显得不那么尖锐时，往往内部矛盾就

会凸显出来。赵挺之和蔡京，这一对同僚往日因同力对付新党，即使有很多冲突，也被掩盖和压抑着。现在两人是朝中数一数二的重臣，争权夺利自然不可避免。

赵挺之对蔡京的奸恶很看不惯，他深知蔡京的手段，意识到自己根本不是其对手，再加上年岁已高，多年的宦海浮沉已让他感到厌倦，遂萌生了退意。他在青州乡下置办了一处房产，然后向徽宗上书，请求辞官。徽宗答应了赵挺之的请求，也许是念在他劳苦功高的份上，将赵家三兄弟都加封了官职，赵明诚任鸿胪少卿，从六品。

就在赵挺之准备回青州安享晚年之时，事情又发生了意想不到的变化。崇宁五年（1106）正月，有彗星出现在西方。古人常以"星变"预卜吉凶，把星象的异常变化视为上天的神秘暗示。宋徽宗开始反思，觉得蔡京的所作所为确实一如赵挺之所上奏的那样，奸恶到上天所不能容。于是一道诏令，蔡京下台，赵挺之仍然担任尚书右仆射。因为对元祐党人的打击、清算一直由蔡京主导，所以宋徽宗觉得这件事也必是违反上天旨意的，于是下令毁了元祐党人碑，解除了对新党人士的禁令，对他们陆续开始起用复职。李格非官复原职，任京东提刑，但他并没有回京赴任。就在这一年，李格非逝世，终年六十一岁。

由于党禁解除，李清照终于得以回到京城，与赵明诚团聚。东京城繁华依旧，原来居住的庭院房舍依旧，但似乎有些东西已经悄悄改变了。在分离的日子里，他是否也如她一样，有那么多的思念？在重逢的时刻，他是否也如她一样欣喜已极？她不在的日子里，他是怎么度过的？

没有确切的资料记载赵明诚在李清照离京的两年里都做了些什么。但在当时的东京城，男人狎妓、蓄养小妾非常普遍，就连宋徽宗都常常跑出宫去与青楼女子相会。赵明诚身在官场，难免受到影响。他大概也不能免俗，与其他女子有了亲近之事。

以李清照的心性，想必认为爱情要始终如一、忠贞不贰，这是她在诗词中浸淫日久后自然而然产生的精神理想。爱一个人，不就是应该把整个身心都交给对方，心心相印、相濡以沫吗？但现实的情况是，"忠贞"只是女子婚恋道德的准绳，对男子却没有约束，三妻四妾可娶，移情别恋更不必说。所以古时痴情女子常为情所伤，那份痛苦又无从倾诉、无法排解，因而那些关于爱与怨的诗词文赋，读来尤为动人肺腑。

李清照不是那种整日哭哭啼啼、自怨自艾的女子，她性情开朗、心胸开阔，坚强而又骄傲，但作为一个文学天分极高的女子，她又细腻而敏感，夫妻间微妙的感情变化，很容易在她心上留下痕迹。

春到长门春草青。江梅些子破，未开匀。碧云笼碾玉成尘，留晓梦，惊破一瓯春。花影压重门。疏帘铺淡月，好黄昏。二年三度负东君，归来也，著意过今春。

——《小重山》

这首词是李清照重返东京之后抒发内心喜悦的作品。从表面意思来看，的确如此。春日迟迟，春草青青，江梅星星点点，还没有开匀。将碧云般的茶团碾成的玉屑状的茶末细细烹制，心思还停留在拂晓时分所做的梦里，啜饮香茗，深恐会惊破了这清碧的春梦。到了黄昏时分，繁花浓重的影子像云一般压下来，随着时间的推移，明月初升，淡月微光，似薄如蝉翼的轻纱一般蒙铺在疏帘之上。这一切，多么美好！这两年来，有三个春天辜负了春神，如今回来了，一定要好好珍惜这个春天。

　　但若细细品味，便会发现这首词含蕴颇深。唐代薛昭蕴有一首《小重山》词，首句为"秋到长门秋草黄"。"长门"是汉代宫殿名，为汉武帝皇后陈阿娇失宠后居住的地方，后来多用"长门"代指冷宫。薛昭蕴这首词用长门的典故，写女子失宠后的惨淡生活，表达的是一种忧伤、落寞的心情。

　　李清照这首词词牌也是《小重山》，首句"春到长门春草青"是"秋到长门秋草黄"的化用。历来诗词用典或化用均有讲究，李清照当然也不会随意。此处这样写，就是为了隐晦地表达自己受到赵明诚冷落的感受。这种写法很像海明威的冰山理论，露出海面的只是冰山一角，如同李清照在这首词中只用首句给出一点线索，通过这条线索，我们才能破解她隐匿很深的情感密码。

　　好容易守得云开见月明，重返东京，与夫君重聚首，却不知旧愁刚去，新愁又至。而最令人难受的，是这愁无法明白地说出口。春光越明媚，李清照的心境越悲凉。爱情原来并不像诗词中所写的那般完美浪漫，想象有多美，失望就有多深。唯一能治愈自己的就是写词，看着心绪变成墨字落在白纸上，是一种安静又稳妥的慰藉。

李清照还有一首词《满庭芳》，创作背景不详，根据词中蕴含的情感来看，似乎是重返东京后孤独苦闷时所作。

小阁藏春，闲窗锁昼，画堂无限深幽。篆香烧尽，日影下帘钩。手种江梅渐好，又何必、临水登楼。无人到，寂寥浑似，何逊在扬州。从来知韵胜，难堪雨藉，不耐风揉。更谁家横笛，吹动浓愁。莫恨香消雪减，须信道、扫迹情留。难言处，良宵淡月，疏影尚风流。

仍然是春天，种种美好却似与幽居闺阁中的人无关，篆香烧尽，日影西斜，又一个黄昏来临。看看窗外自己亲手种下的江梅长得很好，也是一种安慰，何必再去临水登楼以遣忧怀呢？这种无人陪伴的寂寥，就像何逊在扬州时写《咏早梅》的心情一样。想这梅花，从来以高格、奇韵闻名，但它再怎么傲霜斗雪，毕竟是花，怎能禁得起风雨过度的摧残？想到这里，又听见谁在用横笛吹奏《梅花落》的曲子，心中的愁变得更浓。不要为梅花的残败而伤心吧，要知道，虽然它形体消亡了，但情怀永在。心中种种，难与人言，但还是要心存希望，就像这梅花，也许明年它又会在美丽的月夜呈现出另一番疏影横斜的风韵。

在这首词中，李清照写到了何逊。何逊是南朝梁武帝时期的诗人，他的《咏早梅》中有这样两句："朝洒长门泣，夕驻临邛杯。"这是由花事联想到人事，由花开花谢联想到人世的悲欢离合，这两句都与司马相如有关。前一句是写司马相如有感于被汉武帝打入冷宫的陈皇后而写《长门赋》，后一句写司马相如与卓文君私奔后既得到了卓王孙的赠财，又抱得美人归，后来还建功立业被汉武帝重用。何逊喜爱梅花，其诗也多抒发寂寞、苦闷的心情，而李清照在伤感中独对梅花，便联想到何逊赏梅时对人世悲欢的体悟，与自己有相通之处。与何逊不同的是，李清照在此词的末尾，又流露出乐观的希望，梅毕竟不同凡花，不会轻易被风雨折杀，人也一样，不能因为一点苦难就萎靡不振，日子要过，路还很长，未来或许一切都会变好。

其实，此时李清照的忧伤，还只是爱情上受到的一点伤害，比起她后来的人生经历，算不上真正的痛苦。只不过，在当时初尝人世沧桑、曾经对爱情怀着美好憧憬的李清照看来，与赵明诚的感情出现小小波折，已经是天空中一片巨大的阴云。这片阴云何时会散去，他们的感情能否像凌霜傲雪的梅花一样经受考验后仍然安好如初？只有时间知道答案。

卷三 风雷动——国难家愁，生离死别

等闲平地起波澜——赵家遇难

生命中有无数个偶然,而有些偶然会成为命运的决定性力量。对于赵挺之来说,那一颗从西方降落的彗星,就是他不可避免的偶然,也是无可逃离的灾难。如若不然,他会在安静的青州乡下悠然度过生命中最后的时光,寿终正寝,为此生画上一个圆满的句号。

但那一颗星改变了一切,他被皇帝留了下来,继续在宰相的位置上战战兢兢地度日。赵挺之知道蔡京就是一颗隐形炸弹,他不会善罢甘休,也不会就此沉沦。在李清照返京的第二年,宋徽宗将年号改为大观。这位善变的皇帝频繁更改年号,每一次年号的变更,都预示着朝中形势的变化。这年正月,蔡京复出,仍任尚书左仆射。

蔡京正是抓住了徽宗的软肋,他深知这位风流皇帝喜爱享乐胜过建功立业,于是皇帝喜欢什么,他就奉上什么。皇帝喜欢书画,蔡京就四处搜罗珍本名品;皇帝喜欢道教,蔡京就大造道观,还让一个叫林灵素的道士献言说,皇帝是天帝长子下凡,而蔡京和童贯是仙官再世;皇帝喜欢奇花异石,蔡京就派朱勔穷天下之力搜刮民间花木石竹，还专门为此成立了一支运送花石的队伍，叫"花石纲"，十艘船为一"纲"。花石船队所过之处，当地百姓要供应钱谷和民役。有些花石体积庞大，为了让船队顺利通过，就拆桥毁城，导致民怨沸腾，这就是历史上令人震惊的"花石纲之祸"。这样的花石纲，竟然持续了二十年，最后蔡京用这些花石在东京为宋徽宗建造了一座无比巨大的皇室园林——万岁山，也叫艮岳。

皇帝成了被宠坏的孩子，而蔡京成了独断专行的权臣，国家命运、社稷民生成了无足轻重的事。北宋这棵原本根深叶茂的树，已经从基部开始朽坏。宋徽宗已经深深中了蔡京的毒，从骨子里已经离不开他了，所以蔡京的复出是必然，赵挺之的晚年悲剧是偶然中的必然。

蔡京复出后仅仅两个月，即大观元年（1107）三月，赵挺之被罢相。虽然早已预感会有这样的结果，但赵挺之还是为此郁积于中，心内忧愤，一病不起，被罢五天之后便撒手人寰。这对于赵家来说，无异于天塌地陷。一直以来，赵挺之都是家里的顶梁柱，赵明诚和两位兄长虽已成人，但毕竟没有经过大事，幸而赵明诚的母亲郭氏遇事冷静，这才使一家人稍稍安下心来。

宋徽宗闻讯赶来吊唁，毕竟赵挺之曾为权臣多年。宋徽宗显得有些悲伤，追赠赵挺之为司徒，这让赵家人的心里得到了一些安慰。看在亡人的份上，皇帝此后会护佑赵家吧？可是，他们万万没有想到，吊唁之举的背后，许多事仍然充满变数。

蔡京对赵家的报复远远没有停止。赵挺之去世三天后，蔡京又上表皇帝，说赵挺之结交富人、包庇元祐党人，要求降其罪。死去的赵挺之被追回了所赠的官职，活着的赵家人难逃牢狱之灾，赵家三兄弟被捕。

这一系列变故，令人措手不及。但李清照很快冷静下来，帮助婆婆操持所有家事。之前赵挺之在李格非遭贬之际的冷漠，赵明诚在分别之时的游离，此刻已变得不再重要，重要的是，怎样尽自己所能继续撑起这个风雨飘摇的家。

赵明诚被捕，令李清照心急如焚，度日如年，却又无计可施，日日陪伴婆婆在家等待消息，心里对赵明诚仅有的一点怨，也随之烟消云散。虽然他曾令她伤心，但她心里最记挂的还是他的安危。只要他安好，就足以抵消所有的伤怀和辛劳。

幸运的是，这样的煎熬并没有持续太久。很快，因蔡京所罗列的赵挺之的罪名查无实据，赵明诚和两位兄长被释放回家。虽然都被罢了官，但只要人平平安安，就是最大的福音。没有了官职，居住在京城又恐怕再遇祸事，李清照和赵明诚商议之后，决定去往青州。那里赵挺之预备养老的房子一直闲置着，他们此去，一来为避祸，二来也为照看那处房产。

要去青州了，李清照显得很高兴，忙里忙外地打点行装。时至当日，她是赵明诚最温暖的陪伴和依靠。自遭遇变故以来，父亲逝世，家庭遇祸，如若没有妻子的安慰和宽解，他不知道自己会是怎样一番模样。真正的爱当是如此：不论祸福，相依相伴，不离不弃，不管现实多么令人痛心，不管未来多么缥缈茫然，只要你还在身旁,我就不再内心彷徨。

很多时候,女人比男人坚韧,平日里看似柔弱,但一遇到大事,往往就显出强大的抗压能力。那个时候,在赵明诚的心里,李清照就是明水的一汪泉,无论怎样的境遇,不能阻止她轻快地奔涌流淌。李清照内心的坚强从她的一些词中可以得到印证。比如,有一首《多丽·咏白菊》,充分说明了她对待逆境的人生态度。

小楼寒,夜长帘幕低垂。恨萧萧、无情风雨,夜来揉损琼肌。也不似、贵妃醉脸,也不似、孙寿愁眉。韩令偷香,徐娘傅粉,莫将比拟未新奇。细看取、屈平陶令,风韵正相宜。微风起,清芬酝藉,不减酴醾。渐秋阑、雪清玉瘦,向人无限依依。似愁凝、汉皋解佩,似泪洒、纨扇题诗。朗月清风,浓烟暗雨,天教憔悴度芳姿。纵爱惜、不知从此,留得几多时。人情好,何须更忆,泽畔东篱。

凄清冬夜,低垂的帘幕抵挡不住阵阵寒气侵袭小楼。可恨这无情风雨,又来摧残、蹂躏白菊。白菊不似醉酒后的杨贵妃那样妩媚,不像微蹙眉头的孙寿那样妖冶,也不像偷香的韩令和傅粉的徐娘那样受世人追捧激赏。它的美,是一种淡泊自适之美,就像屈原和陶渊明的品格一样。微风过处,白菊清芬袅袅,不输酴醾;秋天深处,白菊花瓣零落,情意依依。这时节的白菊,像郑交甫与赠珍珠少女分别时那样的忧愁凝聚,像班婕妤失宠以后在纨扇上题诗时那样泪落如雨。无论是朗月清风，还是雨润烟浓，总免不了白菊一日一日地憔悴凋零。爱菊的人，就算再怎么怜惜，又能留住它多少时日呢？其实，只要人有白菊的性情，高洁自爱，不畏风霜，又何必一定要日日看到白菊、时时追忆白菊呢？

在这首词中，李清照用了很多典故，写白菊不同流俗的美，词人怜花、惜花，同时也是对自身际遇的一种感叹，白菊被风雨摧损，正像她此时期的命运一般，接连遭遇变故。人在命运面前无能为力，就像在秋风秋雨中日益飘零的白菊一样，这种无奈让人叹息，但词人绝不消沉。她像白菊一样顽强地抗争，胸怀高格，心存希望，虽遇困境，但仍对未来有所期待。李清照的词，常给人柳暗花明之感，在全篇的黯然之中，结句总不忘发旷达之语，自我开解，用一点亮色托起心底的勇气，以应对更多、更大的人生风雨。

这年七月，李清照和赵明诚乘马车离开京城，前往青州。车声辚辚，一路之上，看着繁华如梦的东京越来越远，夫妻俩的心里感慨万千。在东京，她和父亲、继母还有弟弟一家其乐融融，相亲相爱；在东京，她遇到父亲众多的文朋诗友，他们给她最热心的指点，让她的诗文功底一日深似一日；在东京，她遇到一生挚爱，和赵明诚相爱、成婚，那些甜蜜的过往仍历历在目。而那一刻，父亲和多位前辈离世，在世的也四散各方，不得相见，就连曾经显赫一时的赵家，也如大厦将倾。

此一去，山长水阔，何时能再归来？此一去，长路漫漫，路的尽头是世外桃源的安宁，还是吉凶未卜的动荡？无论如何，两个相爱的人在一起，所有的分歧消弭于无形，只有陪伴是最真实的。

　　婚姻的意义就在于，夫妻双方相携相依，走过碧空丽日，也走过风雨泥泞，当世界让你感到失望和冰冷时，你知道，还有一颗心在为你温暖跳动，还有一双眼睛和你望向同一个方向，如此，你就获得了继续前行的力量。李清照和赵明诚在去往青州的路上，想必对这一点体悟深刻。只是，青州会以怎样的姿态来迎接他们，重新开启的生活又会是怎样一番面貌，无法预料，只听得那马蹄声哒哒，在漫长的旅途中寂寞地回响。

相从曾赋赏花诗——偕隐青州

赵挺之的眼光不错,青州确是宜居之地,那里环境清幽安静,似乎与一切红尘纷扰和喧嚣很遥远,真有些世外桃源的感觉。

大观元年(1107)九月,李清照和赵明诚终于到达青州,一切收拾停当之后,他们将一间屋子辟为书斋。自古以来,书斋就是文人最重要的精神家园,书斋命名也非常讲究,或自勉,或寄情,或明志。

李清照和赵明诚共同仰慕的东晋大诗人陶渊明辞官归隐田园之后写过一篇《归去来兮辞》,寄寓不慕荣利、寄情山水、恬然自适的人生理想。此时的李清照夫妇,也有一种"久在樊笼里,复得返自然"的解脱之感,心境与当年的陶渊明何其相似,于是他们把书斋命名为"归来堂"。李清照还取《归去来兮辞》中"审容膝之易安"一句中的两字,将自己住的屋子命名为"易安室"。意思是说,哪怕住再小、再简陋的屋子,也能随遇而安,快乐满足。这就是李清照的号"易安居士"的由来。

不论是古代还是现代,很多人的心中都有一个田园梦,远离蝇营狗苟和争名夺利，与山水草木为伴，凭着最真实的内心去生活，让生命呈现出最本真最纯然的舒展状态，那是多么美好的一件事！对于从小在明水长大的李清照来说，更是如此，如今因祸得福，也算是命运意外的馈赠。就算物质生活差一点，但与自由丰富的精神生活相比，又算得了什么！在青州，李清照度过了生命中最幸福、最安稳的十四年，她和赵明诚用才学和智慧把眼前的困厄经营成了诗和远方。

清代纳兰性德悼念亡妻的著名词作《浣溪沙》中有一句"赌书消得泼茶香"，就是借李清照与赵明诚的故事，写自己与卢氏充满诗情和雅趣的生活。李清照把那段美好的记忆写在了《金石录后序》里，可以想象那是多么动人的场景：每每吃过饭后，夫妻二人坐在归来堂中，手边有刚刚烹好的茶，清香满室。他们开始玩高雅而有趣的游戏。随意说出一个历史典故，要在堆积如山的书中指出是哪一本，并且要说明具体的卷、页、行，说得准确的人就先喝茶。李清照从小记忆力极强，读书过目不忘，自然常常取胜。俩人开心地举着茶杯大笑，以至于茶水洒了一身。茶的香气，经久不散；那样的时光，妙趣无穷。

赌书泼茶，就像一滴水，映照出了他们青州生活的日常。类似于这样的雅趣，应该还有很多。多年以后，李清照写了一首诗《偶成》："十五年前花月底，相从曾赋赏花诗。今看花月浑相似，安得情怀似往时。"这首诗与她的词相比，并不有名，根据推断，应是回忆青州生活所作。那时节，俩人心无挂碍，相依相伴，花前月下，填词赋诗，满满的诗意和浪漫。而后来，虽仍有相似的花月，但那样的情怀却再也不会有了。

如果人生仅有闲情逸致，未免有些虚度光阴。赌书泼茶、赏花赋诗只是生活的点缀，在青州的日子里，李清照和赵明诚并没有停止他们所热爱的事业，他们将主要精力投入金石书画的收藏和整理中。这不禁让人想起林徽因和梁思成这对学术伉俪，他们共同热爱建筑事业，对中国的建筑学做出巨大贡献，他们的爱情也经历了种种考验，被传为佳话。李清照和赵明诚所从事的金石事业，也具有同样重要的开创意义，在此之前，还没有人对金石书画进行过如此深入、系统的研究。

乡间的夜晚，尤为安静。夫妻俩点一支蜡烛，在融融光影里，或整理、校勘古籍书画，或摩挲鉴赏古玩器物，每每到蜡烛燃尽时，才意犹未尽地歇息。随着收集到的书越来越多，整理起来也颇费功夫，他们就想了一个办法，给书册编上号，分门别类放到归来堂的大书橱里。赵明诚对这些书视若珍宝，给书橱上了锁。如果李清照要阅读这些书，还要向他要钥匙，并且登记以后才能取出。有时候李清照不小心把书损坏或弄脏了一点儿，赵明诚就一反平日的温和，非常严厉地批评她。

看着那满橱的好书却不能随意阅读，这让爱书的人怎能忍受得了？于是，李清照想了一个办法，她尽量从日常生活中节省开支，吃简单的素食，穿质朴无华的衣服，不戴贵重的首饰，室内也不配置豪华家具，这样省下来的钱就有不少了，遇到喜欢的书，就赶紧买下来作为副本。这些书可以随意放在几案或枕边，夫妻俩细品慢读，互相交流读书心得，那样的乐趣，是尘俗中任何享受都比不上的。

遇到李清照，是赵明诚此生最大的幸运。她爱他，懂他，能陪他诗情画意，也能陪他颠沛流离。她尊重他的爱好，不仅如此，她还能爱他所爱，尽己所能地协助他，并且用自己的灵秀之心化解生活中可能遇到的难题，同时成全生活和理想之美。一起吃苦的幸福，志趣相投的爱情，将他们之前小小的感情危机消弭于无形。

平静的生活，又有爱情的滋润，这对恩爱夫妻，以无比充沛的身心能量，开始做自己最想做的事。赵明诚着手写作《金石录》。李清照除了帮助他之外，自己还写了一部《词论》。像当年她和张耒的两首诗一样，李清照再次显露了她过人的才华和不凡的勇气。在青州的日子，她又细读了许多前代和当朝的词作，对词的理解，让她有一种不吐不快的感觉，洋洋洒洒的《词论》就此诞生。

在这篇前无古人、后无来者的词学理论作品中，李清照提出"词别是一家"的说法。她认为，词之所以为词，就是因为其倚曲而歌的音乐性，如若不然，那又和诗有什么分别呢？在《词论》中，李清照对晏殊、柳永、欧阳修、苏轼、秦观等人的词都一一指出不足。苏轼是李格非的老师，他的词被人称为"北宋第一"，而李清照居然批评苏词"不协音律"。有人认为她太过狂妄，但李清照其实对苏轼的文字和为人都非常仰慕，她只是客观地表明自己的看法而已。的确，苏轼的词比较注重文学性，而李清照则认为纯粹的词也应注重音律。她在《词论》一开头,就用唐朝歌者李八郎唱哭众人的事,证明了自己的观点——词应文学性与音乐性并重,音乐的感染力不容忽视。她不是狂妄,而是有底气、有根据的勇敢。历来,文章千古事,都是男儿驰骋才思的天下,一介女流竟不输须眉风骨,敢于对当朝前辈、名家品头论足,难怪不理解她的人会说她狂妄。理解她的人会知道,这是她替词向世人发出的独立宣言,也是她特立独行的人生宣言。写词,就写最纯粹的词;做人,就做本真的、独一无二的人。

在青州的第七年,也就是李清照三十一岁的时候,她在归来堂中留下一幅画像。画像中的女子,温婉秀美,端丽娴雅,手持花枝,风姿卓然。赵明诚在画像上题词:"清丽其词,端庄其品,归去来兮,真堪偕隐。"这是真实的心语,有这样美貌与才华并重、有情趣、有品格、既温柔似水又清刚坚毅的女子为妻,遁世隐居,也心满意足。

赵明诚爱李清照,却并不是情痴。要说痴心,他也有,不过是对金石。在青州的那些年,他为了寻访金石书画,常常出门游历,归期不定,又无法互通消息。独自在家的李清照,常常用词来抒写对爱人的思念与牵挂,比如这首《浣溪沙》:

髻子伤春慵更梳,晚风庭院落梅初。淡云来往月疏疏。玉鸭熏炉闲瑞脑,朱樱斗帐掩流苏。通犀还解辟寒无。

正是春天，他却不在身旁。无心妆扮，昏昏又是一日。只见庭院中，晚风过处，梅花初落。云淡淡地飘着，连月色也显得疏淡清冷，令人倍感孤寂。春愁本就恼人，更何况晚风、落花、淡云、疏月！香炉中的瑞脑熏香被闲置一旁，无心点燃，缀着流苏的樱红床帐低垂空荡，那只能辟寒的通天犀角，是否能懂得独居闺中人此时的感受，为之送来一点点温暖呢？

与此前被迫离京时的词相比，这首词虽也诉相思，但少了哀怨，更多的是呈现一种孤清的心境和思念的情怀。偕隐青州，李清照与赵明诚的爱情复原如初。她对他，已经有了坚实的依赖，短暂的分别，也让她茫然若失。

虽也有短暂离别，但这是他们最好的光阴。抛开官场的尔虞我诈，远离都城的灯红酒绿，在青州，只有他们两个人和他们的爱情，只有他们的诗词金石，如果可以，她希望就这样老去。面对她的心愿，难以捉摸的命运会给予怎样的回应呢？

新来瘦,非干病酒,不是悲秋——明诚重返仕途

青州的天地,清静和美。青州以外的世界,却并不安宁。

朝堂之上,宋徽宗依然荒淫无度,蔡京依然一手遮天。这两个人结为了最好盟友,各取所需,徽宗玩他的艺术,尽情享乐;蔡京玩他的权力,肆意挥霍。他们沉浸在浮华迷梦之中,却不知,世界不只有宋朝。

宋政和五年(1115),在遥远的东北,一位名叫完颜阿骨打的女真族人,建立了一个大金国。就在大宋歌舞升平、纸醉金迷之时,这个居于一隅的小国在悄悄地成长着、强大着。宋徽宗做梦也不会想到,将来终有一天,他的命运会因为女真族而改变。

其时的宋朝,文化艺术得到了空前发展,但政治上已逐渐腐朽,就像一棵大树,表面上枝繁叶茂,树根却已腐烂,主干已被蛀空。

每当一个王朝到了没落的时候,必有人揭竿而起。宣和元年(1119),宋江率领三十六人在梁山泊起义。这就是名著《水浒传》的故事原型。宣和三年(1121),宋江在海州被时任海州知州的张叔夜伏击,起义失败。

由于朝廷强征花石纲,民间早已怨声载道。宣和三年,也就是宋江被俘的那一年,安徽青溪有一个叫方腊的农民率众起义。短短三个月内,方腊的起义军攻下了六州五十二县,军队人数达到上百万,浩大的声势令整个东南地区为之震动。然而由于缺乏作战经验,武器装备也不够精良,所以第二年方腊起义失败。

这两次起义虽然都以失败告终,但在一定程度上动摇了宋王朝的根基,也为统治者敲响了警钟。可惜的是,宋徽宗仍被蒙蔽着双眼和心智,并没有因为这两次起义而反思己过,吸取教训。方腊被俘后仅仅过了两个月,花石纲又恢复了。

政局的混乱,似乎和李清照的人生没有什么关联。但其实,个人的命运和国家的命运休戚相关,有些事情,早在结果出现之前,就已遥遥地布下了草蛇灰线。

乱世之时,正是用人之际。这时候,新旧党争已淡如云烟,赵挺之也已去世多年,宋徽宗决定重新起用赵明诚。大约在宣和元年前后,赵明诚接到任命,重新踏上仕途。

对于李清照来说,在青州的岁月如同一个美丽的梦,但愿永不醒才好。但赵明诚恐怕并不这样想。男人的世界,除了红袖添香,还要有事业功名。闲居青州,在妻子的帮助下,赵明诚基本完成了《金石录》的初稿,这部金石学著作共有三十卷,其学术价值超过欧阳修的《集古录》,这使得赵明诚成了有宋一代最优秀的金石学家。这份沉甸甸的收获,其中饱含着李清照的很多心血。

心底里,或许赵明诚一直在等待复出的机会,期待从青州出走,期待重新与广阔的世界连接。这样的机会终于来到了。和赵明诚的欣喜不同,李清照心里却是忐忑。远离朝堂,局势的动荡对个人生活的影响有限。但步入仕途则不同,太多的变数,太多的未知,让人忧心。

时间一天天过去,离别的时刻就在眼前。纵有万般不舍,又能如何?李清照无法开口挽留赵明诚,她不能阻止他去建功立业,她也知道他不会为了他们的爱情和婚姻甘心隐居一世。在最初重返官场的两三年里,赵明诚本可以携带家眷随任,但不知何故,他却独自去了任上,剩李清照一个人孤零零留守青州。

如果李清照是男儿之身,以她的才学和能力,必能身居要职,有轰轰烈烈的事业,她的世界会广阔很多,也许就没有那么多的愁情需要倾吐。但从另一个角度来说,我们现在或许也就读不到那些感人至深的清丽词句了。时间又被无限拉长,思念成了日常的主要功课。好在李清照还有词,思念愁情,无计可消除,就一笔一笔地写下来。那些词句是良药,能助人不动声色地完成自我修复。

香冷金猊,被翻红浪,起来慵自梳头。任宝奁尘满,日上帘钩。生怕离怀别苦,多少事、欲说还休。新来瘦,非干病酒,不是悲秋。休休,这回去也,千万遍阳关,也则难留。念武陵人远,烟锁秦楼。惟有楼前流水,应念我、终日凝眸。凝眸处,从今又添,一段新愁。

——《凤凰台上忆吹箫》

习惯了日日厮守,一旦分离,便觉一切了无生趣。熏香无心点,锦被无心叠,连妆也懒得梳,一任梳妆盒上积满厚厚的尘灰,看清晨的日光一寸寸爬上帘钩。最怕的是离别之苦,有多少心事,想说却又无法说出口。最近形容憔悴,不是因为生病醉酒,也不是因为多愁善感的悲秋。罢了罢了,人要离去,任是再唱千万遍《阳关三叠》,也留他不住。想一想前人的分离相思,最终都能双宿双飞,恩爱圆满。自己却只能每日凝眸于楼前的涓涓细流,任惆怅如水,绵延不绝。从今天起,心内又平添一段新愁。

这首词中用了两个典故,"武陵人远"和"烟锁秦楼"。"武陵人",一种说法认为是陶渊明《桃花源记》中误入桃花源的武陵渔人,另一种说法认为是南北朝文学家刘义庆所著《幽明录》中的刘晨、阮肇。后一种说法是一个神话故事,刘晨、阮肇在天台山采药时遇到两位美丽的仙女,俩人均被仙女招赘为婿,双双欢娱半年之后下山,世间已历数百年。很多诗词中都写到了这个典故,比如,唐代王涣在《惆怅诗》中写道"晨肇重来事已迷,碧桃花谢武陵溪",北宋韩琦在《点绛唇》一词中写道"武陵回睇,人远波空翠"。据此看来,第二种说法更符合李清照此词的意境和情感。

"烟锁秦楼"用的是秦穆公的女儿弄玉的典故。弄玉喜欢音乐,嫁给善于吹箫的箫史,夫妻二人常在凤凰台上吹奏,后来双双成仙飞去。这个典故和李清照这首词的词牌名《凤凰台上忆吹箫》不谋而合。

赵明诚为什么没有带李清照一起去莱州赴任?李清照又有什

欲言又止的心事？有人认为其中必有隐情，再联想到上面这首词中所用的典故，刘晨、阮肇遇到仙女，可以解读为受到外界诱惑后乐而忘返，所以，李清照用这两个典故的用意，是否在担心赵明诚会因为新的诱惑而一去不回，让他们的爱情遭遇危机？而用弄玉的典故，是否在表达一种期待，希望他们最终可以做一对神仙眷侣，不受世事纷扰，一生一世双宿双飞？

就像一千个人眼中有一千个哈姆雷特一样，对于无法确证的历史细节，后人只能推断、揣测。李清照和赵明诚是否又将迎来一次感情危机，重返官场的赵明诚是否又开始感情游离？随着时日的推移，在李清照后来的词作中，隐藏着获取答案的可能。眼前，我们只知道，李清照终日陷在相思之中，一首又一首的词，让世人看到了她的深情、她的苦衷。

暖雨晴风初破冻，柳眼梅腮，已觉春心动。酒意诗情谁与共？泪融残粉花钿重。乍试夹衫金缕缝，山枕斜欹，枕损钗头凤。独抱浓愁无好梦，夜阑犹剪灯花弄。

——《蝶恋花》

风和日暖，春雨如丝，冰面破冻，初生细柳如媚眼，梅花艳若香腮，春天让人的心也融化了。这么美的时光，却只有自己孤独一人，谁能一起把酒赋诗，共话一季诗情画意？想着想着，不禁泪湿双颊，发上的花钿也显得特别沉重。穿好春装准备出门，却又突然失了兴致,懒懒地随意倒卧床榻,金钗会不会被压坏,也无心去理会。好容易到了夜晚,却因为孤寂清冷,愁绪满怀,无法入梦,直到夜深,还在剪弄灯花,以排遣忧怀。

"酒意诗情谁与共?"一句暗含对往昔的深深追恋。回想以前,赵明诚与自己饮酒品茗,赏花赋诗,多少浓情蜜意。如今,那个人去了远方,还有谁能和自己共享这生活之雅趣呢?愁本只是一种心绪,李清照在这里写"独抱浓愁",一个"抱"字化无形为有形,可见这愁有多深重、多浓厚。"夜阑犹剪灯花弄"一句,暗含盼归之意,古时女子常用剪灯花来卜夫君之归期。

这首词全篇都在写一个思妇的琐屑日常,见春景而伤怀,无心做事,夜不能寐,仅就内容而言,若没有深厚的功力,写出的词很容易流于庸俗平淡,但李清照却能将这种人间常见的相思之情表达得极为婉曲幽深,欲露还藏,读来别有一番意味。

此时的李清照,不再是荡舟莲子湖的明朗少女,不再有写两首和诗时的豪迈英气,她变成了一个在爱情里沉沦的寻常小女人,她在期盼和心爱之人重新聚首。

四叠阳关,唱到千千遍——从莱州到淄州

聚首的时刻终于来临。宣和三年(1121),赵明诚任莱州知州,这一次,他要接妻子去随任。这年八月,李清照离开青州,踏上了去往莱州的探夫之路。而赵明诚已在早前直接从上一个任所去了莱州。

青州到莱州不算很远,约有三百里路,坐马车几日可到。要去和夫君团聚,这本应是极大欢喜之事,李清照却为此心情复杂。在途经昌乐时,她写下了一首《蝶恋花》:

泪湿罗衣脂粉满,四叠阳关,唱到千千遍。人道山长山又断,萧萧微雨闻孤馆。惜别伤离方寸乱,忘了临行,酒盏深和浅。好把音书凭过雁,东莱不似蓬莱远。

在青州住了那么久,从二十四岁的少妇,到如今三十八岁的中年妇人,岁月在李清照身上留下了痕迹,也把青州变成了故乡一样的存在。在那里,有她左手诗情、右手烟火的日常,有她和赵明诚

爱情最美好的回忆,也有亲密无间、互诉心曲的闺中密友。

为了和赵明诚团聚,她不得不告别青州。在陌生的昌乐驿馆,想起温暖亲切的故地、故人,她不禁百感交集,因此这首词,也可以看作对青州姐妹的告别信。

不论与谁,离别总是令人伤感。泪湿衣衫,弄花了脸上的妆容,也不去管。送别的《阳关曲》唱了不知多少遍,仍诉不尽心中的离情和留恋。此去路途遥远,山长水阔,一别不知何日再相见。今夜独坐这异乡的驿馆,闻听雨声萧萧,更令人倍感凄凉。想起告别时最后的欢聚,心乱如麻,已不记得喝了多少酒。好在莱州并不像蓬莱仙山那样遥不可及,以后还可以鱼雁传书,互通消息,就好像还在一起。

在这首词中,李清照抒发满腔离愁,完全没有流露出一点要见到夫君的欢喜和兴奋之情。之前的分离,她就对自己的婚姻流露出隐隐担忧,也许此刻,她心内除了对青州故人的惜别伤离之情,也有对未来不确定的忧虑在内。分开的这两三年里,他是否还一如既往地爱着她,见到她,他会有怎样的表现?

一路忐忑,终有尽时。到达莱州,夫妻重聚后,具体的情形怎样,历来没有明确记载。但从李清照到达莱州时所写的一首《感怀》诗中,我们或许可以探寻到一些蛛丝马迹:

寒窗败几无书史,公路可怜合至此。

青州从事孔方兄,终日纷纷喜生事。

作诗谢绝聊闭门,燕寝凝香有佳思。

静中吾乃得至交,乌有先生子虚子。

按照常理来说,小别胜新婚,此时的李清照和赵明诚又得以日日厮守,应该沉浸在幸福和甜蜜中。但是从这诗中,完全感觉不到喜悦的情绪,相反却充满了失落、冷寂、无聊和幽怨。

这首诗前有一段小序,李清照用以说明写作这首诗的缘由:"宣和辛丑八月十日到莱,独坐一室,平生所见,皆不在目前。几上有《礼韵》,因信手开之,约以所开为韵作诗,偶得'子'字,因以为韵,作感怀诗。"

八月十日,到达莱州的当天,她独坐一室,四周的一切全都很陌生,往日熟悉的住屋、书橱、床帐、书本……全都不在眼前。百无聊赖之中,她看到几案上有一本《礼部韵略》,信手翻开,心里想着第一眼看到哪个字,就以哪个字为韵作诗,结果看到的是一个"子"字,于是就用"子"字为韵,写下了这首感怀诗。

一读之下,不禁令人感到疑惑:李清照刚刚到达莱州,好不容易和赵明诚见面,却在当天就独坐一室,那么赵明诚在哪里?他的公务是否真那么繁忙,抽不出这么一点点时间来陪一陪久别重逢的妻子?

且看李清照在诗中所诉的心曲:"我独坐的这间屋子冷清破败,也没有熟悉的书籍字画来慰藉心灵。唉,可怜我像三国时战败后走投无路的袁术一样,落到这步孤苦无依的境地。世人往往因为贪图享受、追求钱财而四处奔走,惹事生非,想想自己的丈夫,不也是为了这个原因才离开青州来到此地吗?一个人闷坐在这破屋子里,真是无聊。怎么办呢?写一首诗来打发这难挨的时光吧。谁说我没有朋友,其实我有两个最好的朋友,一个叫子虚,一个叫乌有。"

这首诗读来令人惊讶和不解。此前李清照的词中也会有些许幽怨,但只是淡淡的一点,含蓄到令人不易察觉。但这首诗中,哀怨、失落之感如此鲜明深重,这似与李清照一贯的个性和文风不符。可以想见,她内心的愁怨积聚到了何种程度,才不得不一吐为快。

令人不解的是,赵明诚毕竟身为一介州官,住所怎么会是"寒窗败几"?这很可能只是李清照的主观感受。在心情波动时,眼中所见往往与心境有很大关系,就像杜甫的诗"感时花溅泪,恨别鸟惊心",同样的花鸟,心情愉快时,鸟语花香;心境不佳时,耳闻目睹全是另一番滋味。在陌生的莱州,没有亲朋故旧,唯一可以依靠的人也不来陪伴自己,所以独坐一室,就感觉住所满目破败荒凉。

"静中吾乃得至交,乌有先生子虚子。"乍看之下,这两句有些难以理解。李清照说自己最好的朋友叫"子虚"和"乌有"。"子虚乌有"就是无,两个分别叫子虚和乌有的朋友,其实是一片虚无,意在表达李清照空茫的内心。这两句话有一种自嘲式的冷幽默,却比直诉悲苦更让人心酸。

他们之间到底出了什么问题?李清照此前一直欲说还休的难言

之隐又是什么？这就要回到世俗生活真实的层面来说。无论李清照和赵明诚如何高雅脱俗，结婚生子、传宗接代都是必要的。俩人成婚多年，却始终没有孩子，这成了他们心中难言的伤痛和遗憾。南宋时期两部金石著作《籀史》和《隶释》在介绍赵明诚时，都明确记载其无子嗣。

赵明诚承受着来自母亲郭氏的巨大压力，纳妾自然是不可避免之事。李清照在《金石录后序》中追忆赵明诚去世的情景时，写下这样的句子："取笔作诗，绝笔而终，殊无分香卖履之意。""分香卖履"是一个典故，指曹操当年临终时，将家中财物分给诸位侍妾，以便她们日后谋生。李清照在此写赵明诚没有"分香卖履"之意，那么证明他确是有妾。

在李清照被迫回乡的日子里，赵明诚也许和其他女子过从甚密。但那时他们刚刚新婚，感情牢固，她即使内心有小小的芥蒂，也知道他不过是为了排遣一时寂寞。但现在却不同，从赵明诚离开青州，两三年间他们夫妻都分居两地，赵明诚身边定然不乏温香软语之人，再加上俩人已到中年，婚姻进入了倦怠期，也没有子女来维系亲密的感情，因此赵明诚对妻子冷淡和疏远也很有可能。

赵明诚有侍妾，却仍未能为他生育一男半女，这就说明，"无后"的因由不在李清照，而在赵明诚身上。但是古代人并不会这样想，一说到不能生育，便会把矛头指向女人。试想，李清照处在这样的境地中，承受着世人异样的目光，又受到丈夫的冷落，心内怎能不悲苦？这苦又无法说出，无法排解，直到实在无法承受之时，才一股脑倾泻而出,所以有了这首《感怀》诗。

这就是真实的生活,不会一直如诗和童话般纯美,总会有波折,有矛盾。世上不存在完美的爱情和婚姻,李清照和赵明诚的婚姻出现了一点儿问题,作为情感丰富、细腻的文人,李清照自然会在内心产生很大的波澜。她在诗词中宣泄情绪,但日子还得照常过,所有发生的一切,无损于幸福,他们的感情有着深厚的根基,不会如此不堪一击。这一点,很快就在事实中得到了印证。

在莱州任满三年后,赵明诚改知淄州。有一次,他意外得到了白居易手书的《楞严经》,一时之间,欣喜若狂,一刻不停地打马飞奔回家——他要以最快的速度让李清照得知这个消息。李清照也和赵明诚一样欣喜不已,她烹好茶,俩人一边啜饮香茗,一边细细品赏前朝大诗人的手迹,不知不觉忘记了时间,一直到燃尽两根蜡烛。算起来,已经过去了五六个小时,却还余兴未减……

这件事被清代的缪荃孙记在了其著作《云自在龛随笔》中。原来,她永远是他心里不可替代的那个人。这世上,也只有她,能看到他心灵最深处,能和他一起分享金石之趣——那种无法为外人道的快乐,所谓的灵魂伴侣,就是如此吧?因为相知,相爱不惧风雨;因为相知,迷失之后总会回归。聚散离合终有定时,时间揭开爱的真相,帮助他们修复了感情的裂痕。李清照和赵明诚的家庭生活开始平静无波,但身外的世界却酝酿着一股风暴——宋王朝的天空大地,到处弥散着一种山雨欲来风满楼的气氛。

江山动,烟雨摇——北宋王朝覆灭

北宋王朝的开国皇帝宋太祖赵匡胤虽是军人出身,在治国方略上却重文轻武,这样的结果是,国家文化非常繁荣,经济也得到了一定发展,军事上却始终处于弱势,北方边境一直受到契丹人所建立的辽国的威胁。后来,宋辽订立"澶渊之盟",宋王朝用金钱换来了安宁。再后来,李元昊建立了西夏,成为北宋的又一个威胁。宋朝军队不但在与辽国的对峙中处于被动挨打的地位,就连小小的西夏也让宋军连吃败仗,损失惨重。为了避免战争,宋王朝每年向辽和西夏缴纳岁贡,这给国家经济带来了沉重的负担。

当年,宋神宗也意识到了朝廷在军事与经济上的弊病,于是任用王安石启动了针对军事和经济改革的新法。但是新法触及旧官僚们的根本利益,遭到强烈反对,再加上历任统治者对变法的态度不一,朝中大臣党争不断,变法最终失败。王安石变法本是宋王朝命运的一次转机,可惜未能成功,变法流产之后,北宋逐渐走向穷途末路。

金国虽然建立不久,却成长迅速,日益强大。宋王朝面临和金、辽、西夏共争天下的局面。宣和二年（1120），也就是李清照到达莱州的前一年，宋王朝与金订立盟约，共同对付辽国，史称"海上之盟"。

海上之盟订立后，在联手攻打辽国的过程中，大宋政治的腐朽混乱、军队的疲弱不堪，一览无余地暴露在金人面前，这激起了金人更大的野心。很快，金军灭了辽国，接下来，就是全力攻宋。

宣和七年（1125）十月，金兵大举南侵，一路势如破竹，直取北宋都城东京。此时的宋王朝完全没有招架之力。宋徽宗在慌乱和恐惧中下罪己诏，让出皇位，太子赵桓继位，是为宋钦宗。虽然换了个皇帝，但大宋气数已尽，并不能改变什么。

靖康元年（1126）正月，金兵攻打东京，李纲率军抵抗，东京城得以保全，金接受议和退兵。这时候，如果宋钦宗维持国家主权的意志足够坚决，或许历史就会改写。虽然他上台后顺应民意，将以蔡京、童贯为首的"六贼"或贬或杀，并且启用了种师道和李纲等良将，但一直在主战派与主和派之间游移不定，反复无常，在金兵围困京师的日子里，几次三番将种师道和李纲罢黜又启用，最终坐失战斗良机。

这年十一月，金兵再次南下包围东京城。其时，种师道已病逝，而李纲被贬远离京城，远水解不了近渴，当李纲得知消息欲赶回京城保家卫国时，京城已经沦陷。

靖康二年（1127），宋徽宗、宋钦宗父子和众多皇族宗室、后宫妃嫔以及朝中大臣等共三千余人成为俘虏，被一路浩浩荡荡地押解到金国。此时的东京已沦为一座空城，金人所到之处，烧杀抢掠，所见尽毁，当年耗费巨大的人力、财力建造的史上最富丽的皇家园林艮岳也被毁于一旦。至此，北宋王朝宣告覆灭。这就是"靖康之耻"。同年五月，康王赵构在南京应天府（今河南商丘）称帝，是为宋高宗，后改年号为建炎，南宋王朝建立。

宋徽宗被金人俘虏后，被封为"昏德侯"，和其子宋钦宗一起受尽凌辱，最后死在五国城（今黑龙江依兰）。

如果说此前的李清照和赵明诚还觉得政治离他们的生活很遥远，终日沉浸在诗词文章和文物收藏中，此时就该深刻地体味到，国事家事天下事，事事相关。早在他们居青州、莱州之时，局势就已动荡不安。瞬息之间，风云突变，京师失守，身在淄州的李清照夫妇也尝到了惶惶不可终日的滋味。李清照在《金石录后序》中忆及这一段经历时写道："闻金寇犯京师，四顾茫然，盈箱溢箧，且恋恋，且怅怅，知其必不为己物矣。"世界风云突变，环目四顾，心下一片茫然，不知如何是好。此时，方才显出国家命运与个人命运的紧密联系。

淄州虽远离京城，但也已受到战火的波及，常有宋金交战溃散的士兵流窜到此，滋扰生事。作为一州长官，赵明诚不得不派人镇压。此时他和李清照还无法想象这场战争的灾难性后果，他们开始认真地思考和谋划，未来要何去何从。令他们发愁的是，这些年费尽心血收藏的金石文物，这些文物数量多、体积大，运送不便，乱世之中，不知以后会流落何处。这可是赵明诚惜若性命的东西啊！

一想到此，就让人无限惆怅和留恋，但又能如何呢？眼下之计，唯有想办法尽力保全它们才是上策。

正当李清照夫妇在惶恐中踌躇不决时，远方传来消息，赵明诚的母亲郭氏在江宁去世。作为儿子，赵明诚必须去奔丧。这一段经历，李清照在《金石录后序》中有记录。身边文物多且笨重，不能全部带走，只好层层筛选，不甚珍稀的字画和书籍，没有落款和标识的古器，过于笨重巨大的器物和书籍，都一一忍痛舍弃。最终留下来的，装了十五车，随赵明诚一起运送到江宁。青州的住所里还有堆满了十几间屋子的文物，这些等到第二年春天再用船运送。

在李清照的文字中，并没有说明那时她自己的去向。但赵明诚在为蔡襄的《赵氏神妙帖》题跋时，曾写道，此帖是他在京师以二十万钱从一个姓章的人手里买来的。青州发生兵变时，所有物品尽被毁，老妻出逃时，只带出了一样东西，那就是《赵氏神妙帖》。后来，李清照乘船南下时，经过镇江，又遭遇强盗抢劫，经历这么多波折，这幅字帖依然完好如初，赵明诚觉得，那是冥冥中有神灵护佑。

据此可以推断，当时赵明诚带着十五车文物去了江宁，而李清照则返回青州，照看那些文物。此时的青州，相比江宁，离京城更近，也更危险。乱世之中，一位柔弱女子不顾生死，独自回到故居去守卫金石文物，如果是寻常女子，恐怕难以做到，但李清照敢。她本就不是弱不禁风的娇小姐，她是梅，是菊，能历风霜，能耐严寒。她守卫的不仅是文物，还是留给后世的一份财富，更是她对赵明诚深切的爱。

宋高宗建炎元年（1127）冬天，青州发生兵变，李清照仓皇出逃之前，舍命带出了赵明诚珍爱的《赵氏神妙帖》，可是那十几间屋子里存放的文物，却化为一片灰烬。

李清照带着那幅《赵氏神妙帖》前去江宁和赵明诚会合。相见的那一刻，俩人必是悲欣交集。劫后余生、别后重逢的喜悦，文物尽失、山河破碎的悲痛，一时之间，百转千回，在胸中翻涌。面对勇敢的妻子，赵明诚很感激，但李清照所经历的种种细节，他没有亲身体会，自然无法理解那一幅字帖的背后凝聚着妻子多少深情厚意，所以，他把帖子完好无损看作神明的旨意。

其时的赵明诚还未结束母亲的守孝期，但已被一路南逃的宋高宗任命为江宁知府，官升一级。依据古礼，父母去世，子女须守孝三年，其间不得婚嫁，不得举行庆典，为官者须离职，丁忧期满再任职。当时，南宋初建，北宋官员有的被俘，有的死伤，朝中人员紧缺，也顾不得礼法，急于让赵明诚上任。

李清照和赵明诚终于在江宁团聚，只是山河破碎、风雨飘摇之际，未来仍不可期。

故乡何处是？忘了除非醉——南渡江宁

江宁就是现在的南京，有很多别名：金陵、秣陵、建邺、建康……作为六朝古都，这里也是江南灵秀之地，相比北方的战乱频仍，这里相对安宁。南宋建立之初，很多大臣曾建议将江宁作为国都，但宋高宗一心南逃，只将江宁作为行都。

赵明诚新官上任，公务繁忙之余，依然没有忘记他所热爱的金石事业。早在莱州时，他曾每晚于所住的静治堂校勘《金石录》，其时这部著作已经大体完成。来到江宁，乱世之中，他仍不忘搜集所有可能得到的书画碑帖。

据史料记载，有一次，赵明诚的一位远房亲戚谢伋携带一幅唐代阎立本画的《萧翼赚兰亭图》路过江宁。赵明诚见到此画，喜爱不已，借来观赏，最终却有借无还。这一方面说明赵明诚对书画珍品的痴爱，另一方面也暴露出人性的弱点——人最难战胜的是自己，所以品格高尚的人愈发显得稀有珍贵。

经过了这么多事，从成婚到其时，已过去了二十多年，李清照的心境也早已不同往日。青梅季节笑声清澈的少女，新婚之后娇俏甜蜜的少妇，早已被时光带走。当风雷动、山河倾时，她恍然明白，国与家原是一体两面，没有国家的太平盛世，哪来家庭的安稳和谐、婚姻的幸福美满，个人的爱情和闲情逸致又该向何处安放！相形之下，以前的自己总把心思沉浸于相思幽怨之中，沉浸在个人的情感和际遇之中，是一种狭隘和自私。

其实李清照的家国情怀一直在心底。当年十六七岁的她，既然能写出两首长长的和诗，对政事发表独到深刻的见解，那么之后的岁月里，她不可能对政治真正做到不闻不问。只不过成婚以后，因为父亲和夫家在官场的变故，使得她深觉仕途险恶，心底总想以避世隐居来寻求精神上的解脱与自由。如今外族入侵、故国不再，青州的文物尽被战火毁坏，她意识到，有一个强盛的国家和贤明的君主多么重要。她的精神走向一种更为开阔的境界，此后，她的诗词风格为之一变，倾诉相思和爱情的诗词越来越少，取而代之的是对人生际遇的感慨，对时事政治的评点，对国家命运的担忧。

也许是因为时局混乱，或者公事缠身，彼时的赵明诚，已不复有当年在青州时和李清照"相从曾赋赏花诗"的情怀。宋代有一部笔记杂史《清波杂志》中记载：在江宁时，每逢天降大雪，李清照必会身披蓑衣，头戴斗笠，登上城楼，极目远眺，寻求诗兴。有时候想出好的诗句，就一定要赵明诚写和诗。赵明诚常为此苦恼不已。当年那个赌书泼茶、相从赋诗的人去了哪里？时光不仅催老了容颜，也把人的心一寸寸变得粗糙了吗？

远离故土，年岁渐老，时事令人忧心，谁人能理解李清照此时内心的感受?

庭院深深深几许?云窗雾阁常扃。柳梢梅萼渐分明。春归秣陵树,人老建康城。感月吟风多少事,如今老去无成。谁怜憔悴更凋零。试灯无意思,踏雪没心情。

——《临江仙》

文字风格往往是作家心境的外在显现。与以往的柔婉幽深不同,李清照的这首词呈现出一种苍凉沉郁的风格。

又一个春天降临人间,新柳初萌,梅萼娉婷,春的气息越来越浓。但对李清照来说,春天的美似与她无关。她把自己闭锁在幽深的庭院中,整日足不出户。她不是最喜欢春天,喜欢花,喜欢一切美好的事物吗?如今是怎么了?接下来,她告诉了我们原因:虽是春天,却远离故土,客居建康,从前那些诗情画意的日子,再也没有了,人在岁月里一天天老去,总有些时光虚度的惶恐。岁月本就催人老,再加上心绪不佳,容颜就更显憔悴不堪。元宵节里,人们欢庆试灯的热闹,现在看来很觉无趣。那么去踏雪寻梅,揽觅诗意吧?也没有一点儿心情。

欧阳修曾作一首《蝶恋花》,首句为"庭院深深深几许?杨柳堆烟,帘幕无重数"。清照深爱此句,在江宁的早春里,在四十六岁的年华里,在幽深孤寂的庭院里,这句词与清照的心境如此契合,就借用这句作为《临江仙》的开头。一连三个"深",叠字反复之中，庭院之深，如人幽幽暗暗的心，隐匿着多少伤情。"云窗雾阁"照应上句的"深"，幽然之中，又显缥缈，令人有世事恍然如梦之感。最后一句"试灯无意思，踏雪没心情"纯用口语，表露如此直白，词人连字句的雕琢也省略了，不仅无心试灯踏雪，连心事也懒得婉转表达，可见心情已经冷寂到了何种程度。

纵然生命的底色是苍凉，但万幸清照眼中还有一道光。虽然冷寂，却并不颓废，无论到了何种境遇，清照从不曾放弃对人世的热望。从个人情感与婚姻家庭的小圈子中挣脱出来，她把目光更多地投向了这个不断变幻、让人又恨又爱的世界。

此时的金人，在野心的驱使下，还在不断扩大侵略的版图。而初登皇位的宋高宗并没有竭尽全力想办法去抵抗，更不要说收复失地了。他带着一帮大臣一路南逃，只求自身一时的安稳，却对国家和百姓的未来不管不顾。面对这样的情形，清照在悲凉之外，更多的是愤慨。

当时南渡江宁以后，面对南宋王朝采取的逃跑和投降政策，李清照写下了这样的诗句："南渡衣冠欠王导，北来消息少刘琨。"还有两句是："南游尚觉吴江冷，北狩应悲易水寒。"相比于诗，李清照的词更有名，所以人们似乎忽略了她在诗歌上的成就。很多诗歌在流传的过程中散佚，只留下一些断句残篇，以上这四句诗便是。

"南渡衣冠欠王导，北来消息少刘琨。"王导和刘琨是晋朝人。晋朝与宋朝非常相似。五胡乱华，西晋灭亡，晋室南渡后，建立了东晋。东晋建立之初，士大夫们灰心丧气，黯然神伤，王导鼓励大家不要只是悲伤哭泣，应该振作起来，努力收复失地。东晋的中兴，王导有不可磨灭的功劳。刘琨也是晋朝著名的忠节功臣之一。永嘉之乱后，刘琨据守晋阳，当时的晋阳历经战乱，已成了一座空城。刘琨一方面加强对匈奴、鲜卑等劲敌的防御，另一方面安抚流民，发展生产，不到一年，晋阳就恢复了生机，为晋朝在中原保留了珍贵的根据地。

眼前的南宋，和东晋的状况何其相似，这个时候，更应该多一些像王导、刘琨这样的人，肯为国家振兴、收复故地挺身而出。皇帝和士大夫们的软弱、退让和偏安，让李清照既痛心又愤怒，于是写下了这两句借古讽今的诗句。其实，南宋当时也不乏主张抗战、保卫国土的有志之士，如李纲、宗泽等，但由于宋高宗在主战派和主和派之间犹豫不决，并最终倒向主和派，导致金人对中原的蚕食愈演愈烈。

"南游尚觉吴江冷，北狩应悲易水寒。"这两句诗的意思是说，南渡之人，因为失去了故国家园，看到江南的水也觉得冰冷，而身在北国被俘的国人，心境恐怕更为寒凉。不知道宋高宗和那些主和派的人读了这几句诗，会不会无地自容？一个深居闺阁的女子尚且有忧国忧民、收复失地的胸怀和胆魄，而主和派那些堂堂七尺男儿，竟然一个个在做缩头乌龟。

除了诗，李清照在此时期还写过很多词，抒发家国情怀。比如这一首：

> 风柔日薄春犹早,夹衫乍著心情好。睡起觉微寒,梅花鬓上残。故乡何处是?忘了除非醉。沉水卧时烧,香消酒未消。
>
> ——《菩萨蛮》

风已变得温柔,日光有着淡淡的暖,正是早春时节,脱去厚重的冬衣,换上轻薄夹衫,心情变得很好。小睡之后,仍能感觉到些许寒意,插在鬓间的梅花,已残损不堪。突然就想起了故国家园,其实,不是想起,根本就是从未忘记。这样的伤痛,除非醉了之后才能忘掉吧?昨晚睡前点燃的沉水香,已然烧尽,可是人还沉浸在酒后的醉意里,迟迟不愿醒来。

只看前半部分,仿佛只是在抒发春思。从"故乡何处是"开始,笔锋陡转,情感也急转直下,由喜变悲。或许,"心情好"只不过是自欺欺人、强作欢颜。心底里,民族之耻、家国之痛一直潜伏着。南渡之后,清照的词一直笼罩着这样一种苍凉沉郁之气。如果她没有超越一般女子的非凡识见和胸怀,如果她只是一个沉浸于家庭小格局中的知府夫人,如果她麻木、自私、怯懦,那么就不会有如此穿心的痛楚。

此时的清照还无法预料,此后的痛会更甚于眼前千倍、万倍。

仲宣怀远更凄凉——江宁兵变，明诚弃逃

有多少传统节日，像蒙尘的珠玉，被遗落在历史的长河里，上巳节就是其中之一。这是一个"祓除畔浴"的节日，即在水边举行祭祀并沐浴洗濯，以求身心安康。

起初，上巳节的具体日期并不固定，为每年三月的第一个巳日，后来才定为三月初三。传说这一天是黄帝的生日，人们在这一天举行仪式，祭祀怀念这位华夏民族的人文初祖。

柳絮飞，荼蘼开，花外青帘，陌上翠岚，人间三月春正酣。如此良辰吉日，也是亲友团聚、文人雅集的好日子。一代书圣王羲之就是在这样的春日，与一众文士会于山阴兰亭，曲水流觞，写下了书法名作《兰亭序》。

对李清照来说，在江宁的这个上巳节，欣悦中掺杂着伤感，是值得用词句铭记于心的。

永夜恹恹欢意少。空梦长安，认取长安道。为报今年春色好，花光月影宜相照。随意杯盘虽草草。酒美梅酸，恰称人怀抱。醉莫

插花花莫笑，可怜春似人将老。

——《蝶恋花·上巳召亲族》

彼时，金人入侵，宋室南渡，清照和明诚的故旧亲族也随之南下，他们中的有些人或许就住在江宁或附近的地区。年年相似的烂漫春景，令人不由起了故园之思。这时候，召集亲族来一次上巳宴饮，畅谈叙旧，既是生活的雅趣，也是对流落异乡之人的最好慰藉。清照在词中并没有说明宴请的亲族是哪些人，但据一些史料记载推断，可能有李清照的弟弟李迒以及赵明诚的兄长和妹夫。

亲人相聚，自然欢喜，看着那些熟悉的面孔，听着亲切的乡音，仿若在故国的东京城里，一切都还是老样子。片刻恍惚之后，才明白，这里是远离故土的江南，而故国早已不在，心头慢慢涌起忧伤。其实这忧伤一直都在，自从南来，总觉苦多乐少，精神恹恹，长夜漫漫难以成寐。好容易进入梦乡，却总是在梦里看见故国的东京城，那些走过无数遍的道路清晰可辨，"梦里不知身是客，一晌贪欢"，梦醒之后，内心更觉空茫无凭。

江南三月，本是最美时节，尤其是在春夜，朦胧月影之下，花树摇曳生姿，烛光映照着欢聚之人。杯盘草具，虽无山珍海味，但很可口，和亲近的人一起享用，更觉称心合意。这样的时刻，以后还会有吗？罢了罢了，多想无益，不如暂享眼前的欢愉，纵情笑语，把酒言欢，今朝有酒今朝醉。趁着醉意，多想再像过去那样在鬓边簪一枝花，再问问那个当年的少年郎：我与花比，谁更美？转念一想，春光易逝，时光如飞，已远离青春、老之将至的女子，簪花之举，恐怕连花都会耻笑，欲去簪花之手，停在空中，只有任这股心酸，暗涌在心底。

那一天，是李清照与赵明诚在江宁度过的第一个，也是最后一个上巳节。那一次特别的宴饮，表面上粉饰着风雅和欢乐，内里却藏匿着悲苦和忧虑。家园沦陷，身负国耻家痛，任是再美的春景、再美味的酒菜、再热闹的欢宴，也无法消除内心的愁绪。

在这首词中，李清照把愁苦掩藏在美景佳肴、欢声醉意之后，只因为这种心情恐怕只是独属于她的寂寞之思。满座皆欢，赵明诚做着他的知府大人，李远此时正追随于皇帝左右，他们大概和那个偏安一隅的高宗一样，只求眼前自保，得过且过，而从不去想百姓的流离和天下的统一。

苏轼有一首《吉祥寺赏牡丹》，写自己饮酒赏花后，在路人的侧目嘲笑之下簪花醉归的情形："人老簪花不自羞，花应羞上老人头。醉归扶路人应笑，十里珠帘半上钩。"老翁在头上插花，自己却不觉得害羞，反倒认为是花应该感到害羞。一路带着醉意而归，人们纷纷卷起珠帘好奇地看着头上插花的诗人，诗人自己却不以为意，还将这件事郑重地写进了诗里。读到此处，让人不得不为苏轼旷达洒脱的胸襟会心一笑。在李清照以前的词中，也有类似的放旷潇洒，但此时，她说"醉莫插花花莫笑"，并非是失了勇气，只是没了那份情怀。被岁月摧残的流亡之人，既然无法做到麻木不仁和自私冷漠，也就只有自己折磨自己。或许在赵明诚他们看来，李清照这是自寻烦恼,国家和天下的事,自有皇帝和朝中大臣做主,再不济,就算天塌下来也还有男人们撑着,一个女人家,只要好好做自己的知府夫人,在春天来时赏赏花,写写词,心无挂碍地过好眼前的生活就好。他们不知道,李清照之所以与众不同,就在于她是一个心有大我的女子,男人们能想到、做到的事,她也一样可以,只是她那不是男儿胜似男儿的雄心壮志,时时处处受到束缚和压制,这也是她精神痛苦的根源所在。

李清照比以前更加孤独。乱世之中,没有人会认真地注意一个弱女子灵魂中清刚的一面,去知会她、懂得她、呼应她,即使是赵明诚也没有。每逢这样的时刻,文字都是最好的伴侣和解药。

寒日萧萧上琐窗,梧桐应恨夜来霜。酒阑更喜团茶苦,梦断偏宜瑞脑香。秋已尽,日犹长,仲宣怀远更凄凉。不如随分尊前醉,莫负东篱菊蕊黄。

——《鹧鸪天》

带着寒意的秋阳照着琐窗,梧桐被夜里的秋霜打落了片片叶子,触目皆是萧索。寥落秋意惹人愁绪,借酒消愁之后,更喜欢来一杯浓酽清苦的团茶,味蕾尝到的苦似乎可以缓解心头之苦。梦醒之后,内心空落,只有嗅一嗅瑞脑的香气才能让心绪平静。秋天已经走到尽头,白昼却依然如此漫长。这种思乡怀远的心境,恐怕比王粲写《登楼赋》时还要凄凉。又能如何呢?再怎么痛苦,也回不到故乡，不如就随遇而安，趁着这秋菊开得正好，在花前醉饮，若想忘，除非醉。

读李清照的词，即使是色调黯然、沉郁苍凉之作，她也总不允许自己沉到精神的谷底。当我们顺着她的笔触，心情一路向深渊处滑落，却总能在收尾之时，听到昂扬之音，这是李清照天性中的坚韧和达观，也许正是因为这样，她才没有在命运的跌宕中沉沦，而是倾尽全力，用敬畏之心保持了生命的完整。

果然，李清照的家国情怀是寂寞的。很快，赵明诚就用行动证明了这一点。

不知不觉间，赵明诚在江宁任上已有一年多。金兵的穷追不舍使高宗一路奔逃，从扬州到镇江，最后到达杭州。纷乱之中，赵明诚接到朝廷任命，要他去湖州任知州。就在离任江宁奔赴湖州的前夕，突如其来的变故打得他措手不及。

当时驻扎在江宁的武官之中，有一位御营统制官，名叫王亦，起了叛乱之心，和兵士们约定以纵火为起事信号。这件事被赵明诚的部下李谟得知，遂上报给赵明诚，也许是赵明诚认为自己即将离任，于是得过且过，对此事未置可否。而李谟是一个责任心很强的人，他见赵明诚如此态度，只好自己想办法应对。一天夜里，王亦制造的兵变果然发生，李谟事先已埋伏好人手，乱兵一动，立即击杀，所以兵变很快被平息。

天亮之后，李谟去向赵明诚报告消息，却怎么也找不到人。原来，当天夜里兵变发生时，赵明诚和两位部下竟然从城楼上悬下绳索逃跑了。不知道做出这个决定时，赵明诚有没有想到李清照，有没有想到全江宁城的百姓。或许他的内心也经历过艰难的挣扎，最终却选择了临危逃离以求自保。在非常态的事件中，人性被真实地暴露出来。这位在学问研究上矢志不渝的金石学家，其骨子里的懦弱和小我再一次显现于世。

  被丈夫弃之不顾的李清照，对此事作何感想？遍寻她的文字，只在《金石录后序》中写到赵明诚于建炎三年（1129）被罢官。很多人认为以李清照的个性，必会对赵明诚加以严厉谴责。但当时连皇帝都在逃跑，临阵脱逃在朝中似乎已成为一种风气。况且，他是她的丈夫，纵然有污点，但她看穿了他的软弱，也就怜惜、宽宥了他。"缒城宵遁"之后，赵明诚被朝廷罢官。想必他自己也必是愧悔交加，此时作为他最亲近的人——李清照怎能再横加指责、雪上加霜？

  没有公然的责备，并不代表李清照违背了自己的内心，失去了做人的原则。在以后的适当时机，她会用别样的方式，让赵明诚自己去体悟，去反思。

生当作人杰，死亦为鬼雄——乌江怀古

公元220年，楚汉争天下，西楚霸王项羽兵败垓下，四面楚歌之中，他深知已无回天之力，写下一首《垓下歌》："力拔山兮气盖世，时不利兮骓不逝。骓不逝兮可奈何，虞兮虞兮奈若何！"曾经力可拔山、英气盖世的霸王，回首当年之勇，发出英雄末路的悲鸣。败亡似乎已成定局，万丈雄心、青云壮志转头成空，自身死不足惜，唯一让项羽心心念念的，是与自己情深意笃的虞姬，日后若被俘，必遭蹂躏羞辱。

虞姬深深懂得项羽的心，她写下一首《和项王歌》："汉兵已略地，四方楚歌声。大王意气尽，贱妾何聊生。"既然知晓他已决定赴死，她亦不会偷生。虞姬自刎之后，项羽杀出重围，行至如今安徽和县的乌江，面对眼前的滚滚江水和后面越来越迫近的追兵，项羽放弃了渡江逃命的机会，自刎于江边，曾雄称一世的西楚霸王魂归长天。

乌江，从此成了历史上的怀古寻幽之地，多少文人墨客都曾到此凭吊，抒发对这段史实的不同看法或感慨。

或许在以前,项羽在李清照的心目中还只是历史上一个模糊的影像。在赵明诚被罢官之后,夫妻经过商议,打算乘船经芜湖过当涂,去赣江之滨隐居。途中经过乌江,李清照与赵明诚拜谒霸王祠。看着项羽的英武塑像,李清照在那一刻,突然真正懂得了项羽,思绪翻涌中,她写下一首诗《夏日绝句》:

生当作人杰,死亦为鬼雄。
至今思项羽,不肯过江东。

当命绝乌江之际,项羽明明有机会逃走,那位尊崇他的乌江亭长,早已备好了船只,他只需一个转念,跨步上船,便可保全自己,可他究竟为什么不肯过江?千年来,只有李清照用两句诗,举重若轻地道破了项羽的心声——生当作人杰,死亦为鬼雄。活着,要做人中豪杰,堂堂正正,光明磊落,坚持道义。当年鸿门宴上,项羽放走了刘邦,被无数人斥为愚蠢。他哪里是愚蠢,只不过他还相信人性中的善,不愿意为了一己私利放弃道义,不愿意师出无名杀死当时示弱的刘邦,即便他知道那示弱或许是虚假,即便他知道此举会给自己带来莫大的后患和危险,他也不愿意违背自己的内心。在呼天天不应的乌江边被俘或者逃走,都会伤害他的骄傲,有损他的尊严,他不愿为了苟且偷生而放弃自己坚守的精神底线。作为一个顶天立地的血性男儿,做鬼,也要成为真英雄。

而当下的南宋朝廷,在宋高宗的带领之下,苟安逃命似乎已成为一种社会主流，相比于抗击外侮、收复失地、保卫河山、回归家园，更多人想的是如何求得一时安宁，"今朝有酒今朝醉""各人自扫门前雪"，忧国忧民显得如此不合时宜、愚蠢可笑。李清照万万没有想到，自己的爱人赵明诚居然也是这类人中的一个。逃跑，是最不费气力又最容易实施的行为，这也是整个南宋大多数人的行为。赵明诚等人的行为让清照悲愤、失望，却又无可奈何。她不是男儿，无法入朝为官，无法上战场杀敌，就算胸中有再广的识见和再大的胆略，就算有再浓烈的爱国热情，也无处抒发，这种英雄无用武之地的无奈，这种无人理解的孤独，多么像当时兵败之时的项羽！项羽尚有人凭吊，有李清照的诗与之在灵魂上进行遥远的呼应，而懂得、呼应清照的人，又在哪里？

赵明诚弃城而逃之时，有夜色遮掩，以为无人看见，但他忘了世事终有真相大白的一日，灵魂上的眼睛一刻也不曾失明，他如何对自己的良心交代、如何向李清照交代？作为妻子，清照没有义正辞严地谴责赵明诚，但对她这样爱憎分明的女子来说，绝不可能对此事置若罔闻，毫无态度和立场。可以说，路过乌江，正好让李清照郁结的心语有了倾吐的出口。她始终不忘发出自己的声音，借怀古以讽今，并对丈夫进行不动声色的规劝和诫勉。不知当时南宋的君臣读了此诗后有何感想，从后来的史实来看，李清照的诗似乎并没有起到什么作用。高宗还在一味地南逃，国家正在一步步滑向沦陷的边缘，但至少，李清照表达出了自己的心声，这就足够了。

文学史上，历来称李清照为婉约派词人的代表，世人皆看到她含蕴婉转、柔和清丽的一面，却不知她内里其实藏着一个豪气干云的热血男儿。她只恨自己不能如花木兰一般女扮男装，上阵杀敌，若真能那样，她必然也会像项羽一样，宁肯战死也不愿苟活偏安。用现代的话来说，李清照其实是一个雌雄同体的人，她有柔情似水的婉约，也有慷慨激昂的豪放。

李清照在对词和诗表达功能的认识上，显得泾渭分明，她用词来表达内心细腻隐秘的感情，而用诗来言志，她的诗往往呈现出一种开阔的格局和宏大的气象，表达对时事政治的感想和家国之思。相较于诗，清照的词留传下来的更多，艺术性也更高，所以得到人们的珍视，她个性中豪迈的一面，被婉约的一面遮蔽，这使得很多没有真正走近李清照的人无法看到全面、立体的她，这不能不说是一种遗憾。如果我们能够静下心来，细细品读李清照留下的一字一句，就能够看到那个在时空中鲜活地存在过的女子，真实、丰满，有血有肉。

或许有人会说，李清照所倡导的项羽的精神，虽然勇烈，却少了韧性。这种说法虽不无道理，但在南宋那个民族精神整体疲弱的时代，如果缺少了这种"西风烈，问苍天，剑在手，生死已"的气节，一个国家的未来是令人担忧的。

好的文学，既是清凉散，也是振奋剂，既能治愈个体灵魂的伤口，也能根疗整个民族的痼疾。李清照的这首《夏日绝句》虽没有锋芒毕露，但其中所蕴含的讽喻之义，也必能如缕缕清风，吹散笼罩在有志之士心头的阴霾，为他们带来一丝慰藉和希望。

明月照天涯——池阳之别

建炎三年（1129）五月，离开江宁已有两月，李清照和赵明诚来到了池阳（今安徽池州）。时值初夏，日暖风香，山明水秀，花木繁盛，鸟鸣啁啾，自然的美丽清新让俩人心上的阴云渐渐散去。

李清照尤为开心。虽说夫君犯了错误，被免了官职，但无官一身轻，此前隐居青州的清宁时光让她留恋回味不已，眼前离目的地江西越来越近，那种对安静闲适生活的向往也越来越强烈。乱世之中，寻找一处可以避风的港湾，夫妇俩在山水田园之中读书写字、研究金石，过最寻常的日子，就这样老去，此生也算圆满了。

这只是李清照内心的想法。至于赵明诚，他是否还在做着复出为官的梦，她看不透他的心思，人与人之间的了解，原来是如此之难，二十多年的婚姻，心心相印的时候有过，彼此捉摸不定的时候也不少。眼前，他带着她走进池阳城，安然接受来自这座小城的礼遇和迎接，未来仍不可预期。

李清照和赵明诚乘舟，从池阳城北清溪镇（今下清溪）沿清溪河而上，经城南通远门外的桃花渡，从济川古浮桥之下穿行而过，抵达池阳府城当时最大的水运码头——南门水埠头。池阳郡守刘子羽带着一班人早已在此迎候。刘子羽与赵明诚同朝为官，也是旧识，他对李清照夫妇非常热情周到。安顿好之后，他还带他们领略池阳的山水之美和风土人情之趣。刘子羽甚至建议赵明诚可以将家安在池阳。

是稍作休整之后继续前行，去往预定的目的地，还是就此止步，留在这美丽水乡？李清照夫妇还没来得及做出决断，高宗的诏书又一次不期而至，令赵明诚继续前往湖州任职。李清照与夫偕隐的梦又一次被击碎。她心里是万般无奈，千般不舍，而他却欣喜雀跃，重返官场，这纸诏令是否也意味着之前的逃跑行为得到了皇帝的宽恕？

高宗为何会在这么短的时间里罢了赵明诚的官，又重新启用？也许是由于赵明诚尚在朝中任要职的两位兄长从中斡旋；也许是因为高宗以己度人，皇帝尚且自顾逃命，臣子有如此行为并非不可饶恕；也许是因为其时的南宋可以任用的人已少之又少，总得有人把控局面，就算摆一个虚空的架势，也要维持朝廷表面上的完整。

按照朝廷惯例，赵明诚在接到任命，赴湖州上任之前，还应"过阙上殿"，先去建康（这年正月，高宗在江宁，将江宁改名为建康）觐见高宗皇帝，面受圣谕。官复原职，赵明诚绝处逢生。他深感皇恩浩荡，决定即刻启程，并把李清照和那些贵重的文物都托付给了刘子羽和另外两位同在池阳的熟人——时任江东宣抚使的刘光世和时任御前亲军都统制的程全。

六月十三日,是一个令李清照刻骨铭心的日子。不管有多么不愿面对,离别还是硬生生地来到眼前。李清照要送赵明诚一程,他们从南门水埠头乘船,穿济川桥,过桃花渡,走完一段短短的水路,他就要弃舟登岸,从陆路官道去面圣了。济川桥,本是摆渡两岸分隔之人,使之重新遇合,如今,这桥却要让一对眷侣天各一方。桃花渡,这样诗意婉丽的地名,适合生长爱情,生长花好月圆的故事,如今缕缕柔波里却深锁离情和忧伤。

船为什么行得如此之快?时间能否在此刻慢下来一些?之前也不是没有过分离,但不知为什么,独有这一次,让清照如此牵动心魂。

船停了下来,他带着行装上了岸。她留在船中,看着岸上的他。多年以后,与他天人永隔,回首如梦往事,她仍清晰地记得他当时的样子:"葛衣岸巾,精神如虎,目光烂烂射人,望舟中告别。"她记得他穿的什么衣服,戴的什么头巾,她记得他的神采飞扬,目光灼灼。他看起来那么喜悦和振奋,他有没有不舍与留恋?他有没有她千万分之一的柔肠百结、心事重重?或者,他只是将这看作一次再寻常不过的小别。不久之后,他在湖州安顿下来,会接她去,他们还是恩爱的夫妻,会携手走完下半生。

看着他这副样子,她心里很不喜欢:她如此沉重受伤,而他却如此轻松满足。想到将来,她要孤身一人留在池阳面对种种,她再也控制不住,向他喊道:"如果池阳城遭遇金人袭击,情况危急,我该怎么办?"

"戟手遥应曰:'从众。必不得已,先弃辎重,次衣被,次书册卷轴，次古器；独所谓宗器者，可自负抱，与身俱存亡，勿忘之！'遂驰马去。"这是垂垂老矣的清照在《金石录后序》中的记叙，那临别的场景，到死怕都不会忘记。"戟手"就是将手作戟状，拇指竖起，食指前伸，是志得意满，还是不以为意？他可曾想过离开之后她的安危、孤苦和无依？

他只是做出这样的手势，在岸上远远地回答她："和众人一起逃跑吧。万不得已之时，可依次把大宗器物、衣被、书册卷轴等丢下，唯独礼乐宗器，要随身携带，与其共存亡！"

这就是他给的答案。有命令式的冷静，有漫不经心的漠然，没有依依惜别，没有千叮咛万嘱咐，没有执手相看泪眼，甚至连一句"珍重"都没有，他只是指示她如何取舍和守护文物。他要她与宗器共存亡。那如若宗器不保，她的生命是否就不再重要了呢？他不是不爱她，只是，他最爱的是自己和金石。

他说完这些话，便策马绝尘而去，留下她呆呆地坐在船中。告别，不过是有人奔向了明天，有人还留在昨天。他凝注的是未来，而她却一直在回望过往，或许会永远地留在昨天。

他上了岸，她还在水中，这是否是一种隐喻？他已置各种牵绊于不顾，心无挂碍地奔赴前程，而她仍在思念的海中沉浮淹留，何时能脱离苦海，抽身上岸？

他走后，她的世界一片空茫，唯一能给她安慰的，是还有他的讯息值得期待。在时光缓慢地挪移之中，又一个七夕来到。这是一个关于爱情的节日，传说中被狠心的王母分隔于银河两端的牛郎、织女，会在这一天踏上鹊桥，来一场"金风玉露一相逢，便胜却人间无数"的团圆。想到牛郎织女尚且能够相会，自己却与赵明诚分隔两地不能相见，离情别恨搅扰得李清照心意难平。于是，一首《行香子·七夕》笔落词成：

草际鸣蛩，惊落梧桐，正人间、天上愁浓。云阶月地，关锁千重。纵浮槎来，浮槎去，不相逢。星桥鹊驾，经年才见，想离情、别恨难穷。牵牛织女，莫是离中。甚霎儿晴，霎儿雨，霎儿风。

天地间已有隐隐秋意，蟋蟀隐匿在草间不断鸣叫，梧桐叶子似乎也被这鸣声惊到，簌簌下落，这种凄然景象，不由让人心头涌起浓愁。人间愁，天上也愁，想那牛郎、织女在云为阶、月为地的天界，被浩渺银河阻隔，被种种天界律令封锁，纵然有连通天地的木筏来来去去，他们却无法乘舟相逢。就算有乌鹊搭桥，一年也才得见一次，那种离情别恨，该如何深重！牛郎、织女总是长时间处在离别中。风云变幻的天界，也和这阴晴不定的人间一样，令人忧心。

这首词中，清照看似处处在写牛郎织女的离情别恨，实际上无时不在倾吐自己内心郁积的思念和孤独之感。在这陌生的池阳，李清照虽有刘子羽等人的照料，但他们毕竟不是至亲知交，又怎能理解这样一个流落异乡的独居妇人的感受？

"纵浮槎来，浮槎去，不相逢。"据西晋张华在《博物志》中记载,古时有一个居于海岛的人驾木筏出海,十几天后看到日月星辰,又见一片朦胧云海之中矗立着精美宫殿,远远有一位女子在织布。后来走到一条河边,看见有一男子牵着牛,让牛在河里饮水。后来,这人才明白,他所见宫殿是天宫,织布的女子是织女,那位牵着牛的男子便是牛郎。此后,这人便常驾船往来于大海和天河之间。浮槎能连通天上人间,但无法让离别的人相逢。这句词满含悲剧意味,似乎成了一句谶语,预示着李清照和赵明诚在尘世聚首的日子,已所剩无几。

"甚霎儿晴,霎儿雨,霎儿风。"这动荡的局势,莫测的未来,使得清照再次陷入精神的愁苦之中,心曲诉诸于词之后,还要面对现实。明月照天涯,又照重逢的脸庞。只是,月有常圆,而人,何日能重圆?

梅心惊破——明诚故去

在不知尽头的等待中渴盼牵挂之人的讯息,是一种残酷的煎熬。不知他是否安好,预想种种可怕的结果,又自我安慰式地一一推翻,心中排江倒海,每一个时辰、每一个日夜,都那么难挨,那么漫长。

好容易到了七月底,李清照终于等到了赵明诚的消息。不过,这个消息不但没有让她安心,反而让她更加揪心——原来,赵明诚急于应召,一路策马疾驰,加上七月的江南最是炎热难耐,他患了疟疾,病倒在建康城。

李清照深知暑热病的凶险,以她对赵明诚的了解,料想性子急躁的他为了去暑热,一定会服用大量寒性药物。其实,这样的治疗会雪上加霜,让病情更加严重。

于是,李清照火速动身,日夜兼程,乘船从池阳赶往建康,一个晚上就行了三百里路。夜晚行船极不安全,但她顾不了那么多,那时的她已将自身安危置之度外,恨不能肋下生双翼,转瞬飞到赵明诚身边。

终于,她看到了日思夜想的那个人。离开池阳时虎虎有生气的这个男人,此时安静地躺在病床上,看上去虚弱不堪,憔悴得脱了人形。果不其然,赵明诚服用了大量柴胡、黄芩等寒凉药物,疟疾没治好,又添了痢疾,两病相叠,拖延日久,如今就是华佗再世,恐怕也无回天之力。

李清照的悲痛可想而知,但她不能任由自己消沉,以泪洗面于事无补,唯一能做的,只有尽心尽力照顾他,衣不解带,随时陪伺左右,送汤问药,嘘寒问暖,虽不能替他承受身体上的病痛,但可以在精神上给予他力量。如蒙上天恩典,出现奇迹,再还给她一个健健康康的丈夫,那该多好!

怎料事与愿违,赵明诚一日日衰弱下去,就像一盏油尽的枯灯,生命之火正在一点点黯淡。世上最残忍之事,就是眼睁睁看着所爱的人一步一步走向那条不能回来的路,却无能为力。那真是欲哭无泪,求助无门,心里承受着一寸寸被绞割的凌迟之刑,身体还得在世间做着应做之事,至少,应该让即将远行的人走得安心。

其间,有一个叫张飞卿的人,带着一把玉壶前来请赵明诚鉴定真伪。赵明诚夫妇当时在文物收藏界知名度颇高,这样的事常有。只是由于赵明诚病重,李清照心绪烦乱,草草看过那件玉壶之后,他们都心知肚明,这是赝品,只含糊地敷衍而过。张飞卿自知不便久留,遂匆匆告辞。

谁也不会想到,就是这个张飞卿,日后竟给李清照和赵明诚带来了巨大的灾祸。世上常不乏这样的小人物,看似无足轻重,实则一举一动都会深重地影响另一些人的命运,甚至改写历史。

八月十八日,赵明诚进入弥留之际。他自知大限将至,于是拼尽全身气力写下一首绝命诗。但是此诗已经散佚,我们无法读到,不知这位金石才子在生命的最后时刻心里在想些什么,李清照在《金石录后序》里也未作说明,只言夫君"殊无分香卖履之意"。

临终之时,赵明诚没有像曹操一样,对妻妾的日后生活做出种种周全的安排。但据他的个性来推测,一定会嘱咐李清照好好守护他们共同收藏的文物。也许正是这个遗愿,让李清照没有垮掉,在日后的颠沛流离中,抱持坚定信念,一直走到生命的终点。

"逝者长已矣,生者常戚戚。"他用手触摸过的文物还在,他留在枕席间的气息还在,他的语声仿佛还在世间飘荡,但他自己却像一缕轻烟般散去了。他在世时,她对他曾有怨念;如今去了,她心里却只念着他的好。一个人的离去,对有些人来说,毫发无伤;对有些人来说,却是失去了整个世界。他是她此生的依赖,是她的丈夫,是她心意相通、志趣相投的灵魂伴侣。他的离开,是她生命中永远无法填补的巨大空白。

对于李清照和赵明诚的爱情和婚姻,人们众说纷纭。有人认为他们的爱情如童话般纯粹美好,有人认为他们的完美爱情是一个假象。其实,这两种说法都有失偏颇。世界上不存在完美的人,也不存在绝对完美的爱情和婚姻。人性多么复杂,人心多么幽微,生活的真相便是,既不如刻意拔高之后那样好,也不如悲观想象的那样差。琴瑟和鸣中,也允许有各自不同的声音,即使有撞击和抵触,但和谐才是主旋律。这就是赵明诚和李清照真实的爱情和婚姻,也是世界上大多数人的爱情和婚姻。

也有人认为是李清照用那首赞美项羽的《夏日绝句》一诗,间接地杀死了赵明诚。这样的说法,似乎太过牵强。且不说李清照在诗中并没有对赵明诚进行声色俱厉的诘难,就算诗中含有讽谏之意,以这对一起同床共枕了二十多年的夫妻来说,赵明诚也应该明白,这是妻子的善意,是另一种面貌的爱护。说赵明诚因为此诗而死的人,也太低估了赵明诚的承受能力,他虽然不够勇敢,但绝不至于如此不堪一击。况且,赵明诚受暑热生病,这是无可争议的事实。说赵明诚被李清照用诗杀死,这种说法有欠公允,同样也会曲解清照的心。只要读一读李清照在赵明诚故去后写下的文字,就会了然。

"白日正中,叹庞翁之机捷;坚城自堕,怜杞妇之悲深。"有人认为这是李清照为赵明诚所写的祭文中的残句,有人认为这是李清照为夫君所写的挽联。不管怎样,这些文字都是清照怀念亡人的心情再现。李清照在这里,借用庞蕴女儿灵照先父而亡和杞梁妻为哭亡夫而致使城墙崩塌的典故,说赵明诚先自己而去,不必再受世间的苦,是一种明智的选择,"怜杞妇之悲深",自己与杞梁妻同病相怜,深悲同一。悲到了何种地步,才会觉得亡人比自己幸福,才会摧毁坚固的城墙?李清照在这里没有直接写自己的悲,但这样幽婉曲折的抒情,比直抒胸臆的呼号更让人为之感动。

天上星河转，人间帘幕垂。凉生枕簟泪痕滋。起解罗衣、聊问夜何其？贴莲蓬小，金销藕叶稀。旧时天气旧时衣，只有情怀、不似旧家时。

——《南歌子》

天上人间，星河照帘幕，正是夜深静寂之时，枕簟生凉，夜不能寐，其实是人内心寒凉，忧伤让人不能成眠。辗转反侧之余，起身坐起，百无聊赖地问一声：这是到了夜里的什么时分？问谁呢？那个人已经不在，问的是空茫，是自己吧。

夜何其漫长，不知如何打发这难挨的时光，在灯下翻捡旧物，看到一件缀着莲蓬、藕叶图案，描着金线的翠色衣衫，想起当年，也是这样的季节，穿着这件衣服的自己，是年少青春还是新婚燕尔？总之那时，他还在，家还在，国还在，一切伤痛还没有萌芽。而今，同样的天气、同样的衣裳，但人的心境和情怀已与往日迥异。

藤床纸帐朝眠起，说不尽无佳思。沉香断续玉炉寒，伴我情怀如水。笛声三弄，梅心惊破，多少春情意。小风疏雨萧萧地，又催下千行泪。吹箫人去玉楼空，肠断与谁同倚？一枝折得，人间天上，没个人堪寄。

——《孤雁儿》

这首词前有序："世人作梅词，下笔便俗。予试作一篇，乃知前言不妄耳。"表面看来，这只是在咏梅，细细体味，可知这是李清照悼念赵明诚之作。"孤雁儿"，起首词牌就定下了孤单凄婉的基调。晨起，"无佳思"，说得云淡风轻，其实是深重的忧思。不信，再往下看：香炉无心打理，沉香断断续续地燃着，香炉早已没了温度。"情怀如水"，不是清静、纯净的如水情怀，而是心如水寒，心若止水，对世间的一切都失了热情和兴致。悠悠笛声，惊破梅心，多少昔日如春天般的美好已不在。风细细，雨潇潇，无数次流了又干的泪，又不由流下。如今人去屋空，心碎时能与谁相依相慰？折下一枝梅，曾一起赏梅的人已天人永隔，此身此心，无凭无寄。

与苏轼悼念亡妻"十年生死两茫茫"的直抒沉痛不同，李清照的这首词，将深重之悲情以平淡之语轻言，仿佛一个痛到极致、看透生死的人，一出口就像在说别人的故事。笛声惊破梅心，梅，便是清照自己。"惊破"，"惊"的是国破家亡、生离死别，人生际遇猝不及防，万箭穿心或者当头一棒，根本不容你准备和反应；"破"的是千疮百孔的心，是未亡人寸寸碎裂、无法补缀的悲伤和寂寞。

一首首词，吐露着未亡人的痛与爱、忆与思。斯人已入土为安，活着的人要去向哪里？她问自己，也问造化和命运。

卷四 叹零落——辗转流离、再婚、离婚

故应难看梅花——漫长的追献文物之路

时间来到了建炎三年（1129）的闰八月，痛失所爱的李清照来不及休养虚弱不堪的身体，来不及整理支离破碎的心，尽管她大病一场，只余喘息，现实却不给她脆弱、懈怠的机会，眼前还有更为严峻的考验等待着她。

当时的建康城已岌岌可危，金国大将金兀术率军南下，高宗早已离开建康，向东南沿海逃亡去了。如今，赵明诚的后事已尘埃落定，是时候为活着的人打算了。

朝中有一位大臣名叫王继先，想以三万两黄金买走赵明诚留下的文物。幸好有赵明诚的表兄谢克家从中周旋，此事才不了了之。这件事让李清照忧心不已，战火纷飞之时，这大批的文物让一个年已四十六岁的中年妇人如何保全？此前尽管散佚颇多，但是还存有古书两万卷、金石碑刻的摹本和拓本两千卷，另外还有一些古董器物。这样数量庞大的文物，靠李清照一己之力带在身边，几乎是不可能的。况且，连李清照自身也尚不知该栖身何处。

高宗在离开建康时，曾将六宫人员分散。高宗的伯母、哲宗的母亲隆祐皇太后那时已到了洪州（今江西南昌），那里离建康稍远，相对来说比较安全。赵明诚的妹夫就跟随隆祐皇太后，在洪州任兵部侍郎。李清照细细思量之后，决定让赵明诚的两位旧日部下带着分散出来的一部分文物去了洪州，将文物交由赵明诚的妹夫保管。

李清照的安排本来可以万无一失，但万万没有想到的是，战乱中的局势变化之快常令人猝不及防。当时除了袭击建康城的这支金兵，还有另外好几支金兵同时南侵，其中一队人马直奔洪州而来。见金人一来，隆祐皇太后匆忙逃走，赵明诚的妹夫也随之仓皇出逃，哪里还顾得上李清照托付他的文物！历经千辛万苦搜集而来，又一路随李清照夫妇辗转各地的那些文物，像轻烟一般散去了。

正是寒冬腊月，李清照听闻洪州失陷，自知文物已毁于战火，心里的悲凉更添几分。彼时，自己身边只剩下少数分量轻、体积小的卷轴书帖，以及写本李白、杜甫、韩愈、柳宗元的诗文集，《世说新语》《盐铁论》，汉、唐石刻副本数十轴，此外就是一些青铜鼎彝之类的器物。

病中的李清照把这些"岿然独存"的文物放在卧室中，时时小心呵护，生怕一不留神又会失去。它们是她和赵明诚半生欢愉时光的见证，是他留给她的念想。这些他惜之若命的身外之物，如今于她，也是如命一般珍贵。不仅因为她对他的爱情，还因为她对这个世界的担当和责任，她不能让他的心血白费，不能让他半生从事的金石研究的成果遗失，因为多少人用生命在传承，才使得我们的文明、文化拥有长青的生机和悠久的历史。

局势越来越紧张,听说长江已经禁渡,建康是不能再待下去了。该去向哪里呢?思来想去,李清照决定去投奔自己的弟弟李迒。没有了赵明诚,弟弟就是自己在这个世界上最亲的人。李迒当时在宋高宗身边担任删定官,负责将皇帝的诏书、圣旨等文书进行编纂归类。因为金人穷追不舍,亡命天涯的宋高宗也频繁地变换着行走的路线和停留的地点,李迒自然一路追随,所以李清照也就循着他们的足迹行进。

金兀术带领的军队攻下了建康城,接着又一路紧追,欲生擒宋高宗。高宗自然拼命奔逃。高宗的逃亡路线图,用文字描述起来,只是地图上的一些地名:从建康到镇江(今江苏镇江),再到越州(今浙江绍兴)、明州(今浙江宁波),从舟山岛入海后,又乘船到了台州,从台州的章安镇再入海,一路乘船到温州……在交通不便的古代,翻山越岭,舟车劳顿,又是陆路又是水路,其间的漫长艰辛自不待言。宋高宗逃亡,带着大批的护卫和精良的车马,而李清照,一个年近半百的丧夫妇人,孤苦无依,还带着一心想要献给朝廷的笨重文物。相较之下,她自然走得更加辛苦和缓慢。常常是当她快要到达皇帝的驻地时,宋高宗却又移驾另一处驻地。

如果说李清照起初追随皇帝是为了投靠弟弟,那么后来李清照的执着则另有隐情。当初那个名叫张飞卿的人,请赵明诚和李清照鉴定过玉壶之后,就将那把珉石做成的假玉壶献给了金国。叛逃敌国,这本是张飞卿自己的事,然而南宋朝野上下竟起了风言风语,竟把那把壶说成是真玉，且主人是赵明诚。这样一来，叛国通敌的罪名就加在了刚刚亡故的赵明诚身上。

听到这样的流言，李清照又惊又怒，但也不敢开口辩解。因为明智如她，深知既然会产生流言，必是别有用心之人故意为之，那么争辩不仅无益，还会越描越黑。对待谣言，最好的态度是保持缄默。但这样不作为又让人无法安心，于是李清照决定用行动证明自己和丈夫的清白——她要追上宋高宗，将自己幸存的所有文物都献给朝廷，以示忠心。虽然对朝廷不战而逃、偏安苟且的行为颇有微词，但她不允许自己的忠诚被玷污。

或许是因为担心自己把文物全部带在身边会遗失，李清照曾将一部分文物寄放在剡州（今浙江嵊县）。可是没想到，她这样做仍然保证不了文物的安全。乱世之中，物和人的命运一样，前途莫测，凶险重重。不久，剡州发生了兵卒叛乱，据说这批文物到了一位姓李的将军手里，后来，李将军去世，这批文物也就下落不明了。至此，李清照好不容易留存下来的文物，又失去了十分之五六。当年装满了整整十五车的文物，如今只剩下了小小五六筐的书画砚墨。这些东西，就像经历过生死劫的孩子，李清照寸步不离地守着它们。晚上睡觉时，她就把它们放在床榻之下。

建炎三年十一月末，当李清照千辛万苦赶到越州时，却得知皇上已驾幸四明，她只好借宿在一户人家。因为赶路太过疲惫，那一夜，李清照睡得极沉。等到第二天，她才发现，住屋的墙壁被人挖了一个大洞，藏在床下的文物不翼而飞。

两天之后,一位邻居拿着一些画轴,要李清照出赎金。纵然心知肚明,这不过是一场监守自盗的戏,然而李清照又能奈他何!她只好出重金将这些字画买了回来,其余的,听说后来被人用极低廉的价格买了去。她和赵明诚用生命守护的文物,本是极为高雅的艺术品,却在世俗中被人们用作争名夺利的筹码,怎不令人心生悲凉!

至此,李清照存有的文物,已经只剩下十分之一二,"玉壶颁金"的流言已渐渐平息。李清照这才意识到,她历经千辛万苦,计划追献文物,其实已没有任何意义。只顾逃命的宋高宗,并不会在意这些文物,流言也只是无故起、无故灭,况且残存的文物数量少、价值也不高,自然也就没有非进献不可的必要。

今天我们回头再看清照走过的漫长的文物追献之路,不禁深深为她感到心疼,同时也深深钦佩她的坚韧和勇气。一个没有子女、失去丈夫,连续经历国破家亡、生离死别的孤苦女子,来不及伤痛,来不及舒一口气,用一两年的时间,每天马不停蹄地奔波在路上。这样的境况之下,连最爱的梅花,她也无心再赏。

年年雪里,常插梅花醉。挼尽梅花无好意,赢得满衣清泪。今年海角天涯,萧萧两鬓生华。看取晚来风势,故应难看梅花。

——《清平乐》

在青春的清欢岁月里,她总喜欢踏雪寻梅。遇到喜欢的,就折枝插瓶，或摘一朵别在鬓发间。幽幽梅香，让人心醉神迷。随着年岁渐长，生命中开始浸润越来越多的悲愁，挼尽梅枝，却没有半点好心情，只有滴滴清泪沾满衣衫。如今浪迹海角天涯，颠沛流离之中，两鬓花白的头发萧疏。原来，人已经不知不觉老去。在这样动荡不定的局势里，已经很难再有踏雪赏梅的心境了。

　　这首梅花词，表面上看是写自己从过去到现在赏梅的心境变化，实则表达的是一种深刻的生命体验。曾经多么喜欢看梅花、视梅为知己的女子，在经历了世事无常之后，已经无心再赏梅花。不是不想看，而是她的心灵已不允许她再看。赏花，需要人心通透、清明，没有重负。而此时的李清照，现实中接踵而来的压力让她应接不暇，她甚至失去了生病休息的机会，又怎会有心情去看花呢？好在，她终于在不久之后安定了下来。等待她的，又会是什么呢？

春残何事苦思乡——暂居临安

在金人的紧紧追击之下,宋高宗一直如丧家之犬,一边摇尾乞怜,一边狼狈逃窜,使国家和民族尊严尽失。

建炎四年(1130),终于发生了一次让大宋子民扬眉吐气的战役——黄天荡之战。这次战役,虽不能说完胜金兵,但韩世忠以区区八千人对抗金兀术十万大军,最终成功截击金军。因为有内奸反叛,才让金兀术得以逃脱。

黄天荡之战让宋高宗得到了短暂的喘息机会,他再次移驾越州。不过这次来越州,和上次逃到越州的感受不同。高宗甚至觉得江山有可能会被收复,取"绍奕世之宏休,兴百年之丕绪"之意,下令自建炎五年正月起,改年号为绍兴,这一年即为绍兴元年(1131),因此越州城成了绍兴府,实际上就是行都。

宋高宗选择绍兴作为行都,自有他的理由:绍兴背山面海,一旦情势危急,再有金兵入侵,无论从海上乘船出逃,还是暂避深山老林,都相当容易。另外,这里是江南鱼米之乡,物产丰富,且山水灵秀,风景绝佳,在宋高宗看来,这块福地或许可令大宋起死回生。

仅仅一年之后,也就是绍兴二年,这位善变的皇帝又驻驾杭州,将此地作为行都,称"临安府"。这个地名本身就含有"临时安定"的意味。没有正式确立国都,宋高宗心中是否还在想着昔日的东京汴梁,企望有朝一日杀回北方,收复故国?

也是在这一年,李清照到达临安,投靠弟弟李迒。两年来的辗转漂泊,总算告一段落。临安也称钱塘,自古便是繁华之地,在此暂时安定下来的李清照,却感受不到安心和满足。流亡路上,虽然个人的遭际已足够悲惨,但她心里始终记挂着国家的命运和前途。

皇帝置广阔山河于不顾,只偏安这小小的一隅城池,"绍祚中兴"只不过是偶然的闪念,享受眼前的欢愉永远是宋高宗及其拥护者们的人生哲学。李清照多么希望,这个国家能多一些如大海一般的雄浑壮阔之气,而不是一味地软弱无骨、妥协退让。

追献文物的路途上,李清照继宋高宗之后来到温州,大海的雄浑气势所带给她的震撼和感慨,至今仍在胸中激荡。当时,她曾写下一首词——《渔家傲》:

天接云涛连晓雾,星河欲转千帆舞。仿佛梦魂归帝所。闻天语,殷勤问我归何处。我报路长嗟日暮,学诗谩有惊人句。九万里风鹏正举。风休住,蓬舟吹取三山去!

晨间,云水苍茫,波涛汹涌,晓雾迷蒙;入夜,天上人间,星河辉映,帆影舞动。看着这雄奇壮阔的景象,让人不由迷醉。恍惚之间，灵魂已离开了身体，进入幻境。忽然听到天帝在问："你要去向哪里？"李清照回答道："路途漫漫，日已迟暮，我也不知道该归向何处。半生以来，只致力于作诗填词，也没有什么惊人之句。"从梦境中清醒过来，长风浩荡，大鹏鸟在风中正举着羽翼，自由翱翔于天际。让这样的风不要停吧，吹动身下小舟，一直去往蓬莱三山仙境中去。

清照的这首词气势磅礴雄浑、境界开阔宏大，字里行间呼之欲出的豪气，丝毫不让苏轼、辛弃疾。词中所用意象，如云涛、晓雾、星河、千帆、天语、九万里长风、举翅的大鹏等，无一不呈现出一种壮烈之大美。从人间到天上，再由天上到人间，由实入虚，再由虚归实。在这样壮美的大自然中，李清照忘记了流亡之苦，心胸变得像海一样博大，心灵感受力变得空前敏锐丰富，所以才会在幻想的梦境中与天帝对话。

"我报路长嗟日暮，学诗谩有惊人句。"这既是对天帝问话的回答，又是李清照人生追求的自我警醒。要走的路还长，要求索的东西还很多，自己做得还远远不够，可是岁月忽已晚，不觉已将到人生暮年。想要像大鹏那样举翼振翅，在长风中翻飞，却无奈，空有一腔雄心壮志，身被困在乱世之中，心被困在女子之身中。李清照渴望的是，有一股如九万里长风般的力量，涤荡这弥漫在整个南宋上空的靡靡之气，还人们一个清朗自由的天地。

有的资料上说这是一首记梦之作。与天帝问答的情节，确实是梦。但这梦不同于平常入睡之后所做的梦，而是一次精神的自由漫游。李清照带着文物,不远万里追随皇帝的脚步,却一次又一次扑空,费尽心机想要保全的文物,却总是被毁损。她不顾自身安危,只想将文物进献以示爱国之情,却连这一个愿望也不能达成。可想而知,李清照当时的内心有多痛苦。当她站在可以包容一切的海边时,心灵由逼仄的人间进入冥想的天界。与其说这是梦,不如说是灵魂深处的一次舒缓释放。

当年靖康之变后,金人曾立张邦昌为"楚帝",妄图以傀儡政权颠覆整个大宋,幸而宋高宗在逃,才有了南宋。三年之后,也就是建炎四年,这样的闹剧再次上演——济南知府刘豫,被金人封为"齐帝"。张邦昌尚有良知,金兵退去之后,他立即脱下龙袍向高宗请罪。刘豫却是个不折不扣的势利小人,为了自己的私欲,他心甘情愿地做了金人的傀儡和帮凶,竟然公开与南宋为敌。

当李清照艰难地走在追随宋高宗的流亡之路上时,听到"刘齐"政权建立的消息,她完全忘记了自身的处境,心灵深处一直潜伏的家国情怀再次被激发,于是写下《咏史》一诗:

两汉本继绍,新室如赘疣。
所以嵇中散,至死薄殷周。

西汉末年,王莽篡位,建立新朝,不久后灭亡,东汉建立。在李清照看来,东汉继承西汉,南宋继承北宋,才是合乎道义的正统政权交替,而王莽的新朝和金人拥立的伪楚、伪齐政权一样,如同人体上长出的多余肉瘤，是必须除去的。正因为如此，李清照接下来对嵇康进行了赞颂。魏晋名士、"竹林七贤"之一的嵇康，曾任中散大夫，所以人称"嵇中散"。他对司马氏篡夺曹魏政权建立晋朝极为不满，所以拒绝出仕。嵇康的好友山涛（字巨源）在司马朝任职后，曾举荐嵇康，但嵇康坚决不受。他对山涛的行为极为不齿，写了《与山巨源绝交书》，最后被司马氏杀害。李清照在这里借嵇康之事，表明自己反对傀儡政权的爱国之情。

正是因为李清照灵魂中这些超越了小我的元素，让她在所有古代的才女中卓尔不群，但同时也让她精神上备受折磨，备感痛苦。当宋高宗停留在临安时，李清照也终于暂时结束了漂泊生涯，然而她并没有感到安宁和喜悦，忧思和病痛让临安的春天也黯然失色。

自赵明诚去世后，她就一直断断续续地病着，只是因为那些文物，她才在奔波的路途中苦苦支撑，没有让自己倒下。如今暂居临安，李清照极度紧绷的身体和心灵之弦松懈下来，她无可避免地病倒了。

正是暮春时节，梁上的燕子整日在呢喃，和风细细，蔷薇在帘外开得正好，似有淡淡的香气隔空远送。这本是鸟语花香的美好体验，可是对于一个流落异乡的孤病之人，婉转燕语听在耳中像是多嘴饶舌般令人厌烦，风痕花香让思乡之情更加浓烈，再加上卧病在床，连头发也懒得梳。春将残，而人，又该如何了此残生呢？

春残何事苦思乡，病里梳头恨发长。

梁燕语多终日在，蔷薇风细一帘香。

在《春残》这首诗中，清照在一开始就直接写自己的思乡之情与病中慵懒之意。年年春到人间，只可惜再也看不到故乡的春天，故乡是一个离开之后才会深切去爱的地方。"何事苦思乡"？怀念故乡，是怀念那些青春年少的欢笑，怀念有爱相伴的甜蜜，怀念家国俱在的圆满。如今人老珠黄，病体怏怏，"恨发长"，实际上是恨现实的无情，恨自身的无能为力。

这首诗的最后两句，描绘的是燕语绕梁、风细花香的和美景象。单看这两句，无法真正解读清照诗中蕴含的情感。如果联系开头两句，便可知这是以乐景衬哀情，以暮春之美反照内心如冬天般萧索凄凉的感受。春天快要结束了，李清照人生的春天也早已过去，复国无望，此身暂居临安，到底何处才是她身与心的归宿？

梅落泥淖——再婚遇人不淑

夏天到了,李清照病得更严重,"牛蚁不分,灰钉已具",整日神志昏昏,在生死边缘挣扎。李迒为李清照安排的这所安静的小院子里,只有一位老兵看守门户兼做杂事。李迒公务在身,不能时时服侍,但抽空便来探望姐姐,帮她寻医问药,相当细心周到。这让李清照孤寂的心得到了一点温暖和安慰,但同时,她也为拖累弟弟而深感不安。如果自己能够病愈,往后余生,生计又如何维持,难道一直要依附弟弟存活吗?

李迒看着病重的姐姐,忧心不已。他虽然可以在生活上照顾她,但对于她心灵上的伤痛和孤独,他却爱莫能助。如果再有一个爱她、懂她的人出现,姐姐能再度拥有幸福的婚姻,那该多好!可是,这样的人可遇而不可求。如今的姐姐,虽说富有才名,但已不复当年的青春美丽,谁会娶这样一个多病寡居的中年妇人呢?

仿佛冥冥中注定李清照要经历一次这样的劫。很快,一个男人来求见李迒。他自称名叫张汝舟,和赵明诚是太学同窗,对李清照仰慕日久,如今听闻消息,前来探望。至于张汝舟这个名字,李迒此前有所耳闻。据说，他是朝中一位颇有作为、敢于直言的臣子。李远想来其人品也不会太差，于是就带张汝舟去看了姐姐。从此以后，张汝舟就频频来访，他巧舌如簧，美言似锦，很快就博得了李远和李清照的好感。

随着时间的推移，张汝舟表现得愈加殷勤体贴。李远看得出，这个男人的意图很明显——迎娶李清照。适当的时候，李远也曾有意无意地向李清照透露张汝舟的心思，但重病缠身的李清照精神萎靡，不置可否。

有一天，张汝舟终于旗帜鲜明地来提亲了。这让李远不得不郑重地和李清照商议起此事来。在李远看来，如果要找后半生的依靠，张汝舟是个不错的选择——在朝中任职右承奉郎，虽说官职不大，但也有固定薪俸，且为人细致周到，懂得关心人。

弟弟对这桩亲事很赞成，李清照内心却极为挣扎。虽然赵明诚去世已有两年半，但心底里，李清照始终没有忘记对赵明诚的爱，她愿意就这样守着他留下来的金石文物，守着他们的美好回忆，直到生命尽头。但现实却不允许，她要活下去，她如果想保护那些文物，就需要有一个男人来为她撑起一方晴空。从情感上来说，此时的李清照极为痛苦和脆弱，也需要有人陪伴、有人理解、有人安慰。

最终，由于现实情势所迫，李清照点头应允了这门亲事。她这样做，一来给自己一个机会，或许幸运眷顾，得遇良人，从此苦尽甘来，也是一种解脱。她实在苦得太久，走得太累，生命中急需要出现一点点亮光,让她不至于彻底绝望。无论如何,她还想好好地活下去,不浪掷这仅此一次的生命。作为一个女人,她也渴望被爱,也渴望温暖、安宁的家庭生活。每每看到弟弟一家其乐融融时,她既羡慕又辛酸,她需要一个自己的家,不用再寄人篱下。二来,她再嫁之后,李迒也能轻松一些,他有妻儿老小,还要奉公尽职,她不忍心因为自己而让弟弟受累。

很多人的婚姻,更像是一场豪赌。用自己的幸福作注,去赌一个不确定的未来。面对深不可测的人心,怎样的了解才算深入,怎样的感情才算相知?现代社会,有多少经过十年以上恋爱长跑后走入婚姻的人,婚后才发现对对方了解得仍然不够,婚姻之舟由此触礁甚至倾覆。对于相识不久的张汝舟,李清照其实了解得并不多。她虽然足够睿智,但也有弱点,那是每个人都有的人性弱点——喜欢被赞美。而张汝舟最擅长的恰恰是这一点,他舌灿莲花,谈吐之间皆是甜蜜的炮弹,一颗一颗击中李清照内心最薄弱之处。

很显然,张汝舟的才学、人品与修养无法与赵明诚相提并论,但对于那时的李清照来讲,要想再遇到赵明诚那样的人,恐怕已无可能。目前最迫切的是需要有一个去处,让自己安身立命,同时,能够保存那些文物。张汝舟在言谈之间,也透露出对金石收藏的兴趣,这让李清照存有一丝幻想:只凭这一点,他至少在兴趣上和自己相投,以后或许会善待这些文物吧?

不管是对是错,李清照又一次穿上了嫁衣。回首前尘往事,遥远得如一场飘渺的梦。当年,十八岁的她第一次穿上嫁衣,心里满是喜悦和期待。那时的她，美丽、纯情，富有生命的活力和惊世的才华。加上赵明诚的爱意，让她心里笃定、踏实，红毯的那一端，是执子之手、与子偕老的誓言，是心意相通、志趣相投的默契。而今，她已四十九岁，人老珠黄，带着一副多病身，一颗饱受世事风霜摧残的心，还有对来日的惶惑不安。

李清照是否真的再嫁过？世人对这一点存有争议。清照是才女，是名人，是学士李格非的女儿、丞相赵挺之的儿媳妇、金石学家赵明诚的妻子。人们要让她符合自己的心理期待，要让她做一个三从四德、从一而终的贞洁烈妇，不允许她身上有再嫁这样的污点，所以有一部分人，或许可以称为钟爱清照的人，他们否认清照再嫁的事实，说这不过是张汝舟觊觎文物不成而篡改史料所造的谣言。

这样做，看起来是为了维护清照，但实际上，却是对清照真实人格的一种否定。这群清照的爱护者们，其实爱的是一个完美的才女光环。如果能够抛开成见，真正走进清照的内心，设身处地体察她彼时的感受，或者从人之常情的角度来理解清照当时在孤苦无依情境中做出的选择，就会明白，再嫁并不是耻辱，而是再正常不过的人性。那样的乱世，一个没有子女又失去了丈夫的中年女子，纵然再有才华，在社会上却没有地位，自己不能入朝为官，要活下去，只有依附他人，再嫁实是迫不得已。况且在宋代再嫁的事已不算新鲜，很多名人的亲属中，都有女性再嫁的先例，所以对于清照的再嫁，我们应以平常心看待，这只是一个被命运所困的孤苦女子的自救行为。

婚后的日子，起初也是相安无事。张汝舟和婚前相差无几，对李清照照顾有加，温存备至，使她的病也慢慢好了起来。日子一天天过下去，张汝舟渐渐有了变化。他总有意无意提起清照的收藏，当得知李清照手里存有的文物寥寥可数、价值并不大时，他的态度明显冷淡下来。后来，他以夫妻成婚、财产理应共同拥有为由，想要占有和支配那些文物。清照怎么可能允许？那是她和赵明诚共度岁月的见证，是她的命啊！如果不是为了这些文物，或许她早已丧失了活下去的力量。

她拼死保护着那些文物，不让张汝舟的阴谋得逞。从张汝舟言行举止的变化中，从生活点点滴滴呈现出的蛛丝马迹中，清照渐渐明白了一个可怕的事实：张汝舟娶她，根本就是奔着文物而来。他以为李清照手中仍然保存着大批文物，他以为李清照会在婚后对他言听计从，将所有文物交给他，这样他就可以借此大发横财。当发现自己窃取文物的美梦最终落空之后，张汝舟恼羞成怒，竟对李清照施暴。

可怜心性高洁如梅的一代才女，竟遭遇如此非人待遇。清照遂央求李迒细细调查张汝舟的底细。一查之下，李迒这才知道，他之前听说的口碑甚好的彼张汝舟，并非此张汝舟，不过是巧合，同名同姓的两个人而已。李迒自责不已，恨自己助推姐姐步入深渊陷阱。

李清照也深悔当时决定再婚太过匆忙轻率，但事已至此，多说无益。当务之急，是好好想一想日后该如何，是继续忍受这非人的折磨,和这样的衣冠禽兽勉强生活,维持名存实亡的婚姻,还是鼓足勇气,不顾一切冲出婚姻的牢笼。清照既然能写出那样铿锵有力、豪气冲天的诗词,她的见识和胸襟自是与平凡女子不同。她既能说出"生当作人杰,死亦为鬼雄"的话,又怎能忍气吞声,甘愿尊严被践踏、身心被蹂躏?

如同一枝冰清玉洁的梅花,不期然落入恶臭的泥淖之中。但梅之所以为梅,就在于不屈的风骨,李清照决定和命运再来一次短兵相接的搏击。

自是花中第一流——离异系狱

就在成婚仅仅三个月之后,清照决定离婚。她知道,在这么短的时间内再嫁又离异,会招致世人怎样的诽谤和流言,"败德败名""难逃万世之讥"。这是预料之中的后果,但她不怕。相比不幸的婚姻所带来的痛苦,她更愿意忍受他人异样的眼光。这世上,有太多的人,终其一生,活在别人的期待和目光里。只有极少数清醒的人,决定不顾一切地为自己而活。李清照就属于这少数活得明白的人。再嫁已是误入歧途,为了避免越陷越深,如今最好的办法莫过于早日抽身,逃离这污浊的人、阴谋式的婚姻。

我们不得不为李清照的勇敢发出衷心的赞叹。即使在婚恋观念已经大大开放的现代社会,女人离婚也需要巨大的勇气。可以推想在李清照生活的时代,人们对于再嫁又离异的女子会进行怎样的道德批判。

而现实中,李清照的再嫁行为离经叛道,让一些人大失所望,由此开始对她进行口诛笔伐。曾经赞美清照"才力华赡"的王灼,在《碧鸡漫志》一书中,批评清照"晚节流荡无归"。就在这样的境况之下，清照仍然选择直面自己的内心。她确如一枝寒风中傲然绽放的梅，要以凌霜斗雪之志，对抗世俗，对抗命运的不公。

只是要想离婚并不容易，宋朝法律允许夫妻双方协议离婚，也允许丈夫休妻，但是妻子却无权主动结束婚姻。摊上张汝舟这样的无赖小人，"情理"一词就失去了意义，骗取文物的目的既未达到，他当然不会与李清照协议离婚，更不会休妻。

怎么办？李清照一定苦苦研读过大宋律法，她欣喜地发现有这样一条：如果丈夫犯有大罪被流放偏远之地，那么妻子可以提出离婚。这是绝望中唯一的希望。也是老天有眼，让清照得知张汝舟曾"妄增举数入官"。宋代规定，到了一定年龄，参加科举考试达到一定次数的人员，可以直接授予官职。张汝舟当年就是因为虚报了科举考试的次数，才步入仕途，这可是欺君之罪，且证据确凿。

不过，宋代法律还有一个规定：妻子告发丈夫，即使罪行属实，妻子也要被判刑两年。唐代法律《唐律》将妻告夫这一行为列入"十恶"之"不睦"，给予重罚。宋代法律《宋刑统》延续了这一规定。

对于李清照来说，只要告发张汝舟成功，就可以顺利与他结束婚姻关系，保全文物，但同时，她也要承受两年牢狱生活之苦。认真考量之后，李清照决定以两年监禁换取往后余生的自由。她一纸诉状，将张汝舟告上朝廷。以李清照的名气，这样的事件无异于现在的新闻头条，民间震动，朝野轰动，连宋高宗也被惊动了，下诏令廷尉彻查此事。

清照抱着"宁为玉碎，不为瓦全"的决心，戴着沉重的手铐、脚镣，在公堂上与张汝舟对质。天理昭彰，张汝舟罪证属实，最终被削去官职，放逐广西柳州。这个骗官又骗婚的恶人，得到了应有的惩罚。清照虽因此入了狱，但她无怨无悔，平静安然地走进牢房。一众亲友得知消息后，都纷纷出面为清照求情，他们同情她的遭遇，担心她的身体。在多方努力之下，清照只在牢里待了九天就被释放。

在营救清照的行动中，赵明诚的姻亲、时任翰林学士的綦崇礼大概起了决定性作用。所以清照出狱后，写了一封书信，表达对綦崇礼的感激之情，并且详细叙述了与张汝舟成婚的缘由始末。后来，这封信被宋人赵彦卫收录在《云麓漫钞》一书第十四卷中，命名为《投内翰綦公崇礼启》，这也是李清照再嫁的有力证据。

投内翰綦公崇礼启

清照启：素习义方，粗明诗礼。近因疾病，欲至膏肓，牛蚁不分，灰钉已具。尝药虽存弱弟，应门惟有老兵。既尔苍皇，因成造次。信彼如簧之说，惑兹似锦之言。弟既可欺，持官文书来辄信；身几欲死，非玉镜架亦安知？僶俛难言，优柔莫诀，呻吟未定，强以同归。

视听才分，实难共处，忍以桑榆之晚节，配兹驵侩之下才。身既怀臭之可嫌，惟求脱去；彼素抱璧之将往，决欲杀之。遂肆侵凌，日加殴击，可念刘伶之肋，难胜石勒之拳。局天扣地，敢效谈娘之善诉；升堂入室，素非李赤之甘心。

外援难求，自陈何害，岂期末事，乃得上闻。取自宸衷，付之廷尉。被桎梏而置对，同凶丑以陈词。岂惟贾生羞绛灌为伍，何啻老子与韩非同传。但祈脱死，莫望偿金。友凶横者十旬，盖非天降；居囹圄者九日，岂是人为！抵雀捐金，利当安往；将头碎璧，失固可知。实自谬愚，分知狱市。此盖伏遇内翰承旨，缙绅望族，冠盖清流，日下无双，人间第一。奉天克复，本缘陆贽之词；淮蔡底平，实以会昌之诏。哀怜无告，虽未解骖，感戴鸿恩，如真出己。故兹白首，得免丹书。

清照敢不省过知惭，扪心识愧。责全责智，已难逃万世之讥；败德败名，何以见中朝之士。虽南山之竹，岂能穷多口之谈；惟智者之言，可以止无根之谤。高鹏尺鹞，本异升沉；火鼠冰蚕，难同嗜好。达人共悉，童子皆知。愿赐品题，与加湔洗。誓当布衣蔬食，温故知新。再见江山，依旧一瓶一钵；重归畎亩，更须三沐三熏。悉在葭莩。敢兹尘渎。

在这封信中，清照先是强调自己并非不识礼义，只是因为病重、孤苦无依才轻信了张汝舟，被他虚伪的外表迷惑，进而在万般无奈和仓促犹豫之中被迫再嫁。她称张汝舟为"驵侩之下才""凶丑""凶横"，可见这个人给她的身心所带来的创痛之深。

她语含谦卑，对助她出狱的綦崇礼千恩万谢。岂不知自助者才有人助，如若不是她敢于抗争，即使綦崇礼再有同情心，恐怕也无处着力。她不厌其烦地诉说自己的悔恨和自责，发誓以后穿粗布衣、吃素食、改过自新，好像她自己真的犯了不可饶恕的罪过，令人心疼又心酸。

每个人都有追求幸福的权利，没有人喜欢苦难和孤独。清照选择再婚，只不过是顺应人的天性，只不过足够勇敢，做了凡常女子不敢为之事，抛弃空有其表的所谓美丽名节，打破封建观念强加于女人身上的桎梏，甘愿为自己的未来奋力一搏；选择离婚，只不过是不愿一错再错，不愿如莲的风骨再沾染卑鄙下流之人的污浊，不愿为了世俗伦理而丧失做人的尊严和人格的完整。这样的她，本应获得人们的钦佩和点赞，又何必这样低声下气地道歉和解释？

诚然，再婚失败，是由于李清照自己和弟弟识人不力，但人非圣贤、孰能无过？赵明诚留给她的文物，没有给她带来一丝一毫的荣耀和安宁，相反，让她在"玉壶颁金"的谣言之下为了追献文物颠沛流离，让她一次又一次为了守护文物费尽气力、身心交瘁，让她时时处在贪婪小人觊觎掠夺的险境中。

或者可以这样说，李清照再婚，很大一部分原因是为了保全文物。如果她只为一己之私，怎么会宁愿忍受张汝舟日复一日的拳脚相加，而拼死也要护住那些文物？她不顾一切，宁愿入狱也要离婚，归根到底还是不想让文物落入势利小人之手。这其实已经超越了儿女情长，是一种对金石文化、民族历史传承和保护的大情怀、大境界。

"自是花中第一流"，清照曾这样写她眼中的桂花，其实这一句，何尝不是她自己的真实写照？她是女人花中的第一流，无论品貌、才情还是胸怀、意志，都堪称卓绝。

卷五 归去来——寄居江南,孤独终老

卧看残月上窗纱——孤身养病，寄情金石

绍兴二年（1132）九月，李清照结束了再婚的噩梦，恢复了自由之身。经过这一番折腾，她又病倒了。卧病的人常常静思，静思能助长人的智慧，很多人在精神上的彻悟，即由此而来。病痛让身体发生变化的同时，心灵也仿佛脱胎换骨，进入一个全新之境。此时的清照，就是如此。

从绍兴二年的夏天到秋天，自然界完成了两个季节的更替，清照也在思想上翻越了一座巍峨山丘。她仿佛瞬间豁然了，通透了。

病起萧萧两鬓华，卧看残月上窗纱。豆蔻连梢煎熟水，莫分茶。枕上诗书闲处好，门前风景雨来佳。终日向人多蕴藉，木犀花。

——《摊破浣溪沙》

这首词是那段日子，清照在病中所写。

她虽然依然在病中，却不复有以前病中的愁苦，也不着急痊

愈，而是平静地接受现实，安然从容、淡泊闲适。虽然病着，两鬓霜华，老而孤独，但那又怎样？与其在愁苦中沉沦，用力地追寻世间一切虚妄之物，不如就自然而然地顺应造化。月色撩人之夜，就这样静静地躺着，什么也不做，什么也不想，看那天边残月一寸一寸将它的清辉洒落在窗上。也不再讲究分茶之雅，只需每日认真饮用煎好的药汤，让身体一点点复原，毕竟活着才是最真实的。

其实，生病有一个最大的好处——闲。人健康时，总想追求太多，身体忙碌，心也忙碌。生病让人不得不闲下来，也正好可以放空身心，好好休憩，读一读喜欢的书，享受这难得的悠闲和安恬。这时候的雨，不再能催下清照的千行泪。她欣赏雨中美景，听着雨声读书，仿佛莫名中得了禅悟，只享受当下。门前的桂花，将淡黄轻柔、娇小玲珑的身体藏在密密层层的绿叶之中，暗暗散发细香，好像在向人倾吐蕴藉含蓄的深情。

这首词清新细腻、意境空灵，在李清照南渡后的词中风格独特。上半阕写卧病饮药，却并无沉重之感，叙述得云淡风轻。下半阕更是充满轻盈的诗意，枕上读书，雨中观景，隐隐透着一种宁静的喜悦，超脱的安然。"终日向人多蕴藉，木犀花"一句与"我见青山多妩媚，料青山见我亦如是"有异曲同工之妙。因为心境澄明，心无挂碍，所见万物有情且美。其实，李清照此时的现实处境并没有改变，只是心境变了，便不再发悲苦之音，这正印证了"境由心造"一词所蕴含的人生奥义。

人生最好的状态，当然不是痛苦，但也并非狂喜，而是平静。

痛苦来时，平静地接受、化解；幸福来时，平静地喜悦，不忘乎所以，让那种美好的感觉在心里悄悄存成酒酿，随时光芳醇。宁静的心湖，内里生命活力暗涌澎湃，表面上却波平如镜，只倒映着天光云影。

看淡世事沧桑，内心安然无恙。在这样的达观心性之下，清照的病一天天好转，心灵上的创伤也渐渐痊愈。最好的心药必得自己去寻找方剂，用智慧和光阴熬煮，无论怎样的千疮百孔、伤痕累累，只要你不放弃自己，就终有复原之日。

清照在临安独居下来，任日子如水一般平静流过。不知不觉来到了绍兴三年（1133）。这年五月，朝中发生了一件事，让清照平静的心湖又泛起了波澜。

当时，宋金两国虽然处于交战状态，但仍有使臣往来。结束了流亡生活，在临安安定下来的宋高宗，此时想起了远在金国被俘的宋徽宗和宋钦宗，于是派遣同签书枢密院事韩肖胄、工部尚书胡松年出使金国，一来慰问两位前代皇帝，二来也为两国未来是战是和探听一下虚实。

韩肖胄是北宋名相韩琦的曾孙，而李清照的祖父和父亲都曾得到韩琦的举荐。这样一来，韩肖胄也算是清照的故人。据说当时韩肖胄自告奋勇出使金国，并且告诉宋高宗，在出使期间，如遇两国交战，千万不要考虑他们的安危而对金国手软，该战则战。这让宋高宗非常感动。清照闻听此事更是感慨异常，于是写了两首诗为他们送行。

上枢密韩肖胄诗

绍兴癸丑五月,枢密韩公、工部尚书胡公使虏,通两宫也。有易安室者,父祖皆出韩公门下,今家世沦替,子姓寒微,不敢望公之车尘。又贫病,但神明未衰落。见此大号令,不能忘言,作古、律诗各一章,以寄区区之意,以待采诗者。

其一

三年夏六月,天子视朝久。
凝旒望南云,垂衣思北狩。
如闻帝若曰,岳牧与群后。
贤宁无半千,运已遇阳九。
勿勒燕然铭,勿种金城柳。
岂无纯孝臣,识此霜露悲。
何必羹舍肉,便可车载脂。
土地非所惜,玉帛如尘泥。
谁当可将命,币厚辞益卑。
四岳佥曰俞,臣下帝所知。
中朝第一人,春官有昌黎。
身为百夫特,行足万人师。
嘉祐与建中,为政有皋夔。
匈奴畏王商,吐蕃尊子仪。

夷狄已破胆，将命公所宜。
公拜手稽首，受命白玉墀。
曰臣敢辞难，此亦何等时。
家人安足谋，妻子不必辞。
愿奉天地灵，愿奉宗庙威。
径持紫泥诏，直入黄龙城。
单于定稽颡，侍子当来迎。
仁君方恃信，狂生休请缨。
或取犬马血，与结天日盟。
胡公清德人所难，谋同德协心志安。
脱衣已被汉恩暖，离歌不道易水寒。
皇天久阴后土湿，雨势未回风势急。
车声辚辚马萧萧，壮士懦夫俱感泣。
闾阎嫠妇亦何知，沥血投收干记室。
夷虏从来性虎狼，不虞预备庸何伤。
衷甲昔时闻楚幕，乘城前日记平凉。
葵丘践土非荒城，勿轻谈士弃儒生。
露布词成马犹倚，崤函关出鸡未鸣。
巧匠何曾弃樗栎，刍荛之言或有益。
不乞隋珠与和璧，只乞乡关新信息。
灵光虽在应萧萧，草中翁仲今何若。
遗氓岂尚种桑麻，残虏如闻保城郭。

娄家父祖生齐鲁，位下名高人比数。
当时稷下纵谈时，犹记人挥汗成雨。
子孙南渡今几年，飘零遂与流人伍。
欲将血泪寄山河，去洒东山一抔土。

其二

想见皇华过二京，壶浆夹道万人迎。
连昌宫里桃应在，华萼楼头鹊定惊。
但说帝心怜赤子，须知天意念苍生。
圣君大信明如日，长乱何须在屡盟。

第一首诗洋洋洒洒，气势夺人，清照用繁复的典故、多变的句式，对韩肖胄和胡松年临危受命出使金国的勇气表示极大的赞许和崇敬，对中原人民的疾苦表示深切的关怀和忧虑；她不是朝中要员，只是一个深受战争和命运戕害的孤苦民妇，却能以一个政治家和军事家的眼光，对金人的侵略本质进行深刻的揭露，对宋高宗等一味求和的软弱妥协提出谴责和批判，她不仅主张为收复故土、国家尊严而战，还对战争形势进行了冷静的分析，提出了积极有益的战略建议。

这首诗从开始的五言，转换到后面的七言，诗中所蕴含的感情也由隐忍、克制、平和逐渐转为鲜明、强烈、豪放，就像一首宏伟的乐章，在叙事与抒情的相互碰撞交融之中，在最后的高潮戛然而止:"欲将血泪寄山河,去洒东山一抔土。"这是清照的一片赤诚之心,她愿意把自己的热血洒在故国山河之上。

第二首诗中,清照写想象中两位使臣受到中原失地百姓夹道欢迎的场景,借此替不能发声的普通民众传达心声:不堪忍受金人的压迫,渴盼回归故国怀抱,统一祖国河山,是人心所向,也是天命所归;希望皇帝不要再一味与金讲和,逃跑只会使战祸更加蔓延。

这两首诗中的一字一句,都饱含深沉的爱与锥心的痛,滴滴报国热血,寸寸抗争雄心,豪情万丈,气贯长虹,很难想象,这样充满思想性与战斗性的诗篇,居然是出于一个刚刚经历过再婚、离异创痛的女子之手。此时的清照,已从个人的狭小天地中超脱出来,心怀天下,心系家国,个人的得失悲欢显得渺小和轻淡。

后来,韩肖胄和胡松年的出使,并没有改变宋金战争局势。这也令李清照意识到,无论自己再怎么斗志昂扬、豪情万丈,都不过是纸上谈兵,还不如做些实实在在的有益之事。她想起了赵明诚留下的《金石录》。对于这部凝聚了他们夫妇半生心血的著作,赵明诚在世时虽说完成了主要部分,但还要继续整理、校勘。清照决定从此移情金石,独居生活给予她充盈的时间和精力,来完成这样艰巨的学术任务。

绍兴四年(1134)八月,《金石录》最终整理完成。想到已亡故六年的赵明诚,此时其坟上早已荒草萋萋;想到他们共同的过往,如一场前世的梦境;想到那些命运多舛的文物,怎样随人的际遇在乱世中漂泊离散……这一切,让李清照百感交集,于是她提笔写下《金石录后序》一文。在这篇文章里,人的命运与文物的命运、国家的命运相互交织,感性的柔软与理性的刚毅并重。这些文字,拨开历史的重重迷雾,让我们与清照走得更近,将她看得更清。

江山留与后人愁——打马金华

绍兴四年(1134)十月初,淮河沿线遭金兵进犯,江浙一带的人们,上至朝廷官员,下至黎民百姓,闻讯纷纷争相逃命。李清照也离开临安,沿钱塘江逆流而上,乘船到达金华(今浙江金华),住在一位姓陈的人家里。

弃舟登岸,安顿下来之后,李清照觉得,必得做些什么才好。自赵明诚去世,她便一直奔波在路上,在临安城安定下来以后,又遇再嫁、离异事件,直到孤身养病时,她才真正开始了一个人的生活。那段日子,她谨记赵明诚遗愿,倾尽全力整理《金石录》文稿,继承他未竟的事业。这让她觉得赵明诚还在身边,爱从未远离,那样的时光充实而有意义。

如今避难金华,在这异地他乡,曾经动荡的心情也渐渐平复,漫漫长夜,如何打发?《金石录》已然整理就绪,后序也已写好,而写诗、作词又需要外界与心境的融合,不是时时处处都能做的事。李清照突然想起了曾经钟爱的博戏。

博戏是我国古代民间一种赌输赢、决胜负的游戏。早在春秋战国时代,《战国策》和《史记》中就有关于博戏热闹场面的描写。到了汉代,博戏更是风行,不论皇帝百官还是平民布衣,都喜好博戏。魏晋以后,博戏开始走向衰落,唐宋时期,很多博戏都已失传。

博戏包含的游戏种类很多,既有赌博性质的纯娱乐游戏,也有高雅的智力游戏。比如,一直流传到现在的骰子、麻将、纸牌、象棋等。李清照最爱的博戏是打马。打马是一种博输赢的棋艺游戏,棋子叫作"马",按照一定的规则、格局和图谱,双方用马来布阵、设局、进攻、防守,最后根据双方的战绩来定赏罚、判输赢。有学者考证,打马棋玩起来有点像现代的飞行棋,不过要比飞行棋复杂得多。

李清照视打马为博戏中的上品、闺房之中的雅戏。在她看来,一个人在闲时玩打马,总比"饱食终日,无所用心"要好得多,况且打马虽为游戏,却能以小见大,体现很多人生至理,如天道恒常、阴阳相合和礼数周备。

李清照认为当时流传的打马游戏的花样太少、过于简单,于是自己创立了一种新式打马,名为"命辞打马",还为此专门撰写了《打马图经》《〈打马图经〉序》《打马赋》三篇文章来讲解相关事宜。这三篇文章,有图例,有文字,有专业性的理论著述,也有文艺性的序赋辞采,语句简雅,内容丰赡,可读性强,兼具美学意义、学术意义和历史意义,被后人在著述时频频征引,体现出很大的价值。

《打马图经》在流传过程中大多散佚,只有《打马图经》例论(又称《打马图经》命词)留存至今。《打马图经》例论共分十三论,散布于对《打马图经》规则条例的论述之中。从字面来看,它是讲解游戏规则和总结游戏经验,实则无处不隐含着抗金雪耻、收复失地的家国梦想。

《〈打马图经〉序》是李清照为《打马图经》所作的序言。一开篇,李清照高屋建瓴,指出一个人有先天的智慧还不够,还必须加上后来的专注,学习才能达到通达、精妙之境。虽然说的是学习打马游戏,但又何尝不是学习任何技艺的至理名言。接下来,她写了自己对博戏的喜爱以及创新游戏和撰写文章的初衷,对博戏的种类、现状及优劣分析,对打马戏的种类、流变与命辞打马的始创方法等都做了详尽的介绍。整篇序文优美畅达,既理性又感性,其中有启人深思的人生至理名言,有旁征博引的大量典故事例,也有广博丰富的博戏知识介绍与精到评议……

《打马赋》是一篇气势充沛、辞采斐然的赋文,表面上是在写打马游戏,实则是李清照借题发挥,抒发自己渴望策马战场、收复疆土的大理想、大胸怀。文中大量引经据典,褒扬历史上善于征战、金戈铁马的忠臣良将,暗含对不思抗敌、不识良才、鼠目寸光、只顾苟且偷安的宋室朝廷的批判。在这篇赋文的末尾,李清照这样写道:

如今正是国家民族危难之际,我们多的是良马,如果再有更多的勇士一起共赴战场,收复失去的国土,那该多好!当年花木兰纵马横戈、奋勇杀敌,实乃巾帼英雄!可惜我已暮年,不能上战场杀敌,但愿有志之士能跟我一样胸怀天下,如此一来,我就有了盼望和念想,有朝一日北伐胜利,我就能跟随凯旋的军队渡过淮水,回到故里。

至此,李清照向我们揭示了她寄情打马的心灵隐秘:她哪里是纵情玩乐,不过是在年龄、性别、身份的限制下,将自己一颗报国无门的无奈之心转移到了棋盘之上。棋局就是战局。在文中,她写打马,无一不是在写真实的战争、军事。在棋盘上策马扬鞭、纵横厮杀,虽说有望梅止渴、画饼充饥之嫌,但只有如此,才能安慰清照那颗腾跃不已、跳荡竞逐的壮志雄心啊!

很多人因为清照喜爱打马,便认为她是一个现代意义上的赌徒。这实在是一种曲解和误读。她只不过是一个太过热爱尘世的人,一个生活美学家,一个始终把国家民族记挂于心的人,一个不执迷于小我的女中伟丈夫、巾帼真豪杰。她在饱经沧桑之后,学会了与孤独握手言欢,学会了与自己和解,学会了怎样将平淡如水的日子过得不再苍白。

在打马游戏中,在写下那些与打马有关的文字时,时日被智慧和斗志愉快地消磨,她也从中获得了慰藉。在棋盘上,运筹帷幄之间,她想象自己是替父从军的花木兰,"将军百战死,壮士十年归",那现实中永无可能成真的梦,在那样的时刻变得真切可感,如在眼前。

虽流寓金华,但清照仍和许许多多的文人雅士一样,不愿错过金华著名的思古览胜之地,八咏楼即是其中之一。八咏楼原名玄畅楼(一说元畅楼),为南朝著名史学家、文学家沈约建造。此楼建成后，沈约曾多次登临，共为此楼写了八首诗，称"八咏诗"。从唐代起，玄畅楼改名为八咏楼。

八咏楼坐北朝南，楼体巍峨高大，站在楼上，只见蓝天白云仿佛触手可及，远山如黛，绿意弥漫，婺江、双溪如玉带般在不远处蜿蜒流淌。然而在清照眼里，她看到的不只是美：

千古风流八咏楼，江山留与后人愁。

水通南国三千里，气压江城十四州。

——《题八咏楼》

"千古风流八咏楼"，起句豪气干云，写尽八咏楼之胜。"江山留与后人愁"，次句一转，从美丽到哀愁，转折得自然巧妙、不露痕迹，这不禁令人深思：如此美好江山，为何会引起人的愁情？细思之下，便可恍然：金人的铁蹄已将南宋的山河踏得支离破碎，千古风流的八咏楼，不久之后是否也会落入敌手？"江山留与后人愁"，寥寥七字，却意味隽永，寄托遥深。清照在愁江山不保，但是南宋的皇帝和大臣们不愁，他们只顾逃命、只顾偏安，置如此的锦绣河山于不顾，那么只有让后人来愁，愁故国不在、江山抛掷。

"水通南国三千里，气压江城十四州"，这句或是自贯休《献钱尚父》诗的"满堂花醉三千客，一剑霜寒十四州"及薛涛《筹边楼》诗的"壮压西川十四州"脱胎而来。晚唐诗僧贯休在钱镠称吴越王时，曾投诗相贺。然而钱镠意欲称帝，要贯休改"十四州"

为"四十州",贯休回答"州亦难添,诗亦难改"。李清照在这里化用贯休的诗,或许意在讥讽南宋朝廷还不如贯休那样珍爱寸土山河。薛涛的《筹边楼》诗表现出了对边地战事的关注,和清照的家国情怀有相通之处,故此化用。

遥想那样的岁月,大宋的疆土被金人一寸寸蚕食,宋朝从北向南一步步退缩,由北宋变成了南宋,几乎被逼得无路可逃。有热血男儿跳出来力主抗金、收复故土,却屡遭打压、排挤。普天之下,有几人肯为江山社稷流血又流泪?

当宋高宗和臣子们在逃亡之后又安定下来,纵情欢愉之时,可曾知道有一位女子,曾站在八咏楼的风中,为大好河山的美丽而忧愁,为无法纵马沙场、精忠报国而伤怀?在棋盘上打马,在八咏楼上吟诗,她寄冰心于明月,金华的山河大地,会懂得,会铭记。

染柳烟浓,吹梅笛怨——重返临安

在金华避难的李清照,逐渐从个人的痛苦中渐渐解脱出来,寄情于打马,在八咏楼赋诗,除了忧思家国,她似乎已不再为自身的命运而发出愁苦之叹。然而,当很多年前的一件往事被重新提起时,她的一腔愁绪又被触起了。

宋朝是一个非常看重自身历史和评价的朝代。从宋真宗开始修太祖实录、太宗实录。之后每位皇帝登基时,都会给前一位皇帝修实录。早在大观三年(1109),迫于朝廷舆论压力,蔡京辞官,主持修撰《哲宗实录》。当时赵挺之和蔡京同属一党,也参与了此事。完成后的《哲宗实录》,赵挺之留了一份手抄本收藏在家中。赵挺之去世后,赵明诚和李清照便将《哲宗实录》手抄本连同他们的收藏品一同保管。虽然经过这么多年的乱世风云,但《哲宗实录》和《金石录》一直被李清照用生命守护着。她知道,《金石录》是赵明诚的命,而《哲宗实录》是赵明诚对赵挺之的承诺和怀念。

南渡后的大宋朝,朝中重臣皆为元祐旧党。在议政时,很多人将北宋灭亡的罪过归于王安石,因此天地为之一变,鞭新党,拥旧党。蔡京和赵挺之属于新党，他们编纂的《哲宗实录》中因为有许多赞美王安石和新法的内容，所以被视为禁书。此前李清照在临安时，曾有人向宋高宗举报，说《哲宗实录》的手抄本尚在赵明诚家中。

绍兴五年（1136）五月，高宗下令收缴李清照所藏的《哲宗实录》。这一举动，虽说只是将书没收，并未对李清照造成更大的伤害，但还是深深地触动了李清照的内心。当年，因为党争之乱，父亲李格非被贬，公公赵挺之抑郁而死，李清照和赵明诚被迫分离、漂泊，受尽磨难。如今，国家主权危在旦夕，朝廷不思复国抗敌，却依然在党争旧事上纠缠不清，这怎能不令人心生悲凉？也因为这件事，李清照又想起了那些久远的往昔，不禁悲从心来，感慨万千。

风住尘香花已尽，日晚倦梳头。物是人非事事休，欲语泪先流。闻说双溪春尚好，也拟泛轻舟。只恐双溪舴艋舟，载不动许多愁。

——《武陵春·春晚》

除了八咏楼，金华还有一个著名的去处——双溪，因李清照的词而闻名于世。不知清照是否真的踏上过双溪的舴艋舟，在词里，她遥想双溪，愁绪如溪水，深重又绵长。

那是绍兴五年的暮春，风静香凝，夕照落英，此情此景最能触动人心最柔软之处，虽"风住尘香"，情思却如飞尘流香般纷纷扬扬。这一切，却是为何？只因风物依旧，人事却今非昔比，想要将心中所想说出，未及开口，泪已长流。不可说，不能说。为了从愁中挣脱而出，想要去双溪泛舟赏春。转念一想，又怕双溪的舴艋小舟无法承载自己这一腔浓重的哀愁啊！

李煜在《虞美人》一词中写道："问君能有几多愁？恰似一江春水向东流。"他将愁情比作春水，水流不尽，则愁不尽。而在李清照笔下，愁竟然有了重量，且连船都载不动，这愁该有多深、多重！她可以豁达，但不能无感。对于一个年过半百且孑然一身的妇人来说，面对国破家亡、山河破碎、战乱频仍、物是人非，怎能不柔肠百结、悲愁萦怀？此愁，通涉国、家、己，是亡国之悲、家破之愁、流离之苦，是大悲、大愁、大苦。

同样是愁，《题八咏楼》一诗中的愁，愁肠中充盈豪迈壮阔之英气；而《武陵春》一词中的愁，温婉曲折又幽深凄美。"明月双溪水，清风八咏楼"，李清照的一词一诗，穿透岁月烟云而余韵悠长，至今仍撼动人心。

也是在这一年，宋高宗返回临安。李清照随后也重返临安，途经富春江时，她曾写下《夜过严滩》一诗：

巨舰只缘因利往，扁舟亦是为名来。
往来有愧先生德，特地通宵过钓台。

汉代严子陵与刘秀交好。刘秀称王后，请他出仕，严子陵坚辞不受，隐居在富春江垂钓。后人以严子陵为淡泊名利的典范。

李清照过富春江时，由于金人已经北撤，社会生活恢复正常，江面上，商旅、舟楫不断，俨然太平盛世。实际上，金人仍在虎视眈眈，国家仍然危机重重，但身边来来往往的大小船只上的人们，却只顾一己之私，为名利奔波。与严子陵相比，这些人自己大概也觉得羞愧不安吧，所以特地选择在夜晚通过钓台。

也有研究者认为，这首诗是李清照当时从临安赴金华避难途中经过严滩时所写。但逃难之时，虽然可能江面上船只往来频繁，但大都载着逃亡之人，与李清照诗中所说为名利奔波不甚符合。更可信的说法是，李清照重返临安的途中，看到刚刚经过战乱的人们又开始为名利奔忙，似乎完全忘记了家国之痛，因此才有感而发，并借对严子陵的尊崇之情，委婉地表达自己对冷漠麻木、自私卑怯的国人的失望。

李清照这次回到临安，就再也没有离开。从这年的五十二岁到七十二岁去世，整整二十年，她都生活在临安，但是遍寻她的诗词，却无一首赞美临安美景风物，甚至连西湖也未提一字。这不禁让人疑惑，这个被无数人视为人间天堂的风景绝佳、人文荟萃之地，难道竟激不起清照心中一点点诗情画意？

"过眼西湖无一句，易安心事岳王知。"现代词学的开拓者和奠基人夏承焘的一句诗，算是一语道破个中原委。秀美江南，是李清照的伤心之地，是亡命的天涯，是零落的海角。在这里，美似乎成了一种提醒，提醒她故国不在，这里只是偏安的寄居之所。风物越美，越是叫人悲情。她的心事，和岳飞一样，难忘靖康之耻，梦里都念着挥师北上、光复故国、重返家园。易安居士南渡之后，却难随遇而安。

不知一日日渐老的李清照，如何面对每一个晨昏，只知时光如水，片刻不曾停留。

绍兴八年（1138），宋高宗正式定都临安，北复中原或许只是一个永远的梦。

绍兴九年（1139），秦桧与金议和，岳飞力主抗金，被宋高宗驳回。

绍兴十年（1140），金军再度南侵，岳飞于郾城大败金军，进兵到离东京汴梁只有几十里远的朱仙镇，收复中原似乎指日可待。然而，宋高宗一纸班师回朝的诏令，让英雄怒发冲冠，扼腕长叹。

绍兴十一年（1141），南宋再次向金求和，金人提出先杀岳飞再谈议和。岳飞及其子岳云在大理寺风波亭英勇就义。精忠报国的岳飞，一腔热血最终未能洒在战场，却染上了自己同胞奴颜媚骨的耻辱和憾恨。

…………

这一切的一切，都在李清照的心中激起波澜。衰朽残年，复国无望，眼看万里河山一寸寸沦陷，让本就孤苦无依的李清照更加心寒。心内，是无尽的悲凉；身外，却是临安城的热闹繁华。

那一年的元宵节，众人皆醉她独醒，众人皆欢她独悲。谢绝了酒朋诗侣的召唤，将香车宝马关在门外，她静坐一隅，思绪翻涌，

片刻之后,心事便成了一阕千古清词:

> 落日熔金,暮云合璧,人在何处?染柳烟浓,吹梅笛怨,春意知几许。元宵佳节,融和天气,次第岂无风雨。来相召、香车宝马,谢他酒朋诗侣。中州盛日,闺门多暇,记得偏重三五。铺翠冠儿,捻金雪柳,簇带争济楚。如今憔悴,风鬟霜鬓,怕见夜间出去。不如向、帘儿底下,听人笑语。

廖世美的《好事近》诗有"落日水熔金"之句,江淹《休上人怨别》诗有"日暮碧云合"之句,李清照化用这两句诗,写节日向晚落日、暮云如金、如璧之美;下一句急转直下,劈头一问,看似突兀,实则是自然而然生发的情感。这样美的黄昏,会让人一时恍惚,不知今夕何夕,身在何处。短暂的恍惚之后,又回到现实中来。眼前是如愁轻染的烟柳新绿,耳边是幽怨清越的《梅花落》笛曲,春意已有几分,却仍未盛。正是元宵佳节,和风融融,然而这乍暖还寒的初春时节,谁能说就没有风雨侵袭?暂安江南,又逢佳节,看似歌舞升平,但谁能保证不会再有金人南下、战乱突起?内心怀着深重的忧愁,自然无法心无挂碍地像众人一样纵情狂欢。所以,纵然有酒朋诗侣乘香车宝马来相邀,也只有婉谢,任他们自去狂欢,我且独饮寂寞。

寂寞的时刻最爱回忆,那些年的故国佳节、待字闺中、闲暇无事时,对元宵节最为偏爱和看重。那时身心轻盈、青春美丽,说不尽的惬意欢愉。如今岁月风霜染白鬓发,憔悴老妇,即使在夜间,也怕出门见人。这不是自惭形秽,而是心事无人知的孤独与辛酸。不如就在窗下,静静地听一听人们的欢声笑语,品味孤寂。

这首词具体写于何时,并无确证。有人说写于宋高宗定都临安之后,有人说写于李清照去世的前几年。无论如何,这是李清照晚年最真实的心境写照。她悲苦孤寂,却掩藏不住对这个世界的热爱;她不能参与朝政,甚至也不再是生活的主角,隐匿于无人知晓的角落,仿佛只是安静的旁观者,心怀天下,却已无力去搏。曾经那样骄傲昂扬的女子,如今只有屈从于岁月的残酷。

叶叶心心，舒卷有余情——寻找传人

绍兴十四年（1144），李清照六十岁。花甲之年，生命的尽头正在一步步沉默地迫近，她不得不开始思考身后之事。

那部饱含着光阴岁月和生命血泪的《金石录》，是时候要与它告别了。纵然有万般不舍，纵然曾想将它带进坟墓，但李清照终究想明白了：自己无儿无女，无人可继承，将之进献朝廷，是《金石录》最好的归宿，如此它才能得以保全和传承，才能充分绽放它的光芒。

当她将《金石录》交出的那一刻，仿佛生命的一部分也被带走了。有些许空茫的同时，她也有释然和轻松。到了这样的年纪，得失早已看淡，人最终拥有的是什么呢？除了认真活过的每个瞬间以及那些瞬间的心情，什么都不会留下。

她突然感到生命的虚无，自己在这世间所经历的一切，所有的努力，所有的收获，所有的体验和感知，就要这样随着生命形体的消散而静静地化为乌有了吗？她写进诗词文赋中的，只是千千万万分之一。她很想寻找一个稚嫩或年轻的生命，说一说自己的故事，关于成长，关于爱与痛，关于诗书，关于金石，关于分茶，关于打马，关于女子与命运，关于精神与风骨、气节与尊严……如若那样，即便自己的生命消失，也必将以另一种方式存在，没有枉来人世间一趟。

晚年，李清照寻找传人的想法会时不时地在她心中泛起。只可惜人海茫茫，欲觅一可心合意之人，终是不易。

终于，有一个女孩子让李清照眼前一亮。那是新近搬来的孙姓邻人的女儿，十来岁的模样，贤淑灵慧。李清照对她极为喜爱，便有心将她纳为弟子，援授诗词才学之事。面对鼎鼎大名的一代词人的盛情，这女孩子非但不以为幸，反倒直言相拒："才藻非女子事也。"

写诗作词不是女子应该做的事，这是封建道统观念和男尊女卑思想种在女性心里的种子，这颗种子的生命力极其顽强，最终生长为束缚女性身心的樊篱和枷锁。绝大多数女子安于这樊篱和枷锁，顺应命运，听取父母之命，潜心女红，嫁人后贤良淑德，相夫教子，一生都在为他人而活。只有极少数幸运而又不幸的女子，受到良好的诗书陶养，追求独立的人格和自由的意志，但在与现实的对抗中，却伤痕累累，生命的道路曲折坎坷，充满悲辛。有太多才女的生平可作为佐证，如谢道韫、蔡文姬、薛涛，还有与李清照同时代的朱淑真……

听到女孩子这样回答，不知道李清照会作何感想，一定既失望又心酸吧。但女孩子的父亲却大为惊讶，确切地说，应该是惊喜，而后手抄了数十卷烈女故事让女儿学习。孙姑娘十五岁时嫁给了文林郎宁海军节度推官苏君瑑,成了孙夫人。而后,她精心侍奉公婆,共生育五子两女,五子皆成才,终年五十三岁。孙夫人家与陆游家有亲戚关系,所以在她去世后,家人请陆游为其撰写了《夫人孙氏墓志铭》,其中就提到李清照欲收其为徒而被其拒绝一事。

有人认为这是陆游在贬抑李清照,这其实是一种误解。陆游与才女唐婉爱得深沉热烈,却因母亲的阻挠而劳燕分飞,成为人生最大憾事,他应该不会否定和轻薄女子的才华,况且墓志铭的内容并不由撰写者决定,而是往往根据逝者家人的意思而定。孙夫人的墓志铭上之所以会提到李清照,也是当时社会主流价值观的一种体现:孙夫人因为拒习才藻之事,所以家庭美满,活得比较成功。

历史上有一位名叫韩玉父的女诗人,婚后千里寻夫,写下《题漠口铺》一诗。据说,韩玉父幼年曾跟随李清照学诗,被称为李清照的女弟子。此事的真伪无法考证,因为史料上并未记载李清照的真正传人。或许这是天意,在那样的时代,只有一个李清照。她被陈祖美教授称为"乱世中的美神",绝世独立。无论是才华,还是人生经历,她都无法复现、无法超越。

继李清照之后,南宋词坛又一"巨星"辛弃疾出现,曾写下《丑奴儿近·博山道中效李易安体》一词。他的许多词句,比如"有时三盏两盏,浅酒醉鸿蒙""放霎时阴,霎时雨,霎时晴"等,其中都有李清照的影子。清代词人王士禛所著的一部《衍波词》,其中追和李清照《漱玉词》的多达十七首。

除了辛弃疾和王士禛,李清照还有不计其数的追随者和仰慕者。民国时期，出现了一位"当代李清照"——沈祖棻。这位苏州才女，自幼喜爱诗词，二十出头即以一首《浣溪沙》词一举成名，之后专事填词，被称为20世纪中华诗词界最杰出的女词人。沈祖棻和李清照，有太多的相似：词作，李清照有《漱玉词》集，沈祖棻有《涉江词》集；词学理论，李清照有《词论》，沈祖棻有《宋词赏析》；就作品的思想内容而言，她们都在词作中寄寓深沉厚重的家国之思；就连她们的爱情也极为相似，都是志趣相投的诗文知己，乱世中饱尝颠沛流离之苦，因此有"昔时赵李今程沈"一说。不同的是，沈祖棻因出车祸先丈夫而去，程千帆倾尽全力将妻子的词作和论文整理、结集出版。从这一点上来说，沈祖棻比李清照幸福。

穿越遥远的时空阻隔，沈祖棻看李清照，仿佛是看另一个自己。李清照若泉下有知，必会感到欣慰。当年她费尽心思寻找传人未果，但她的文学生命从未断绝，只不过是以不同的面貌在传承。

只是那时的李清照，知音难觅，后继无人，活得清孤。她住在那个安静的小院里，深居简出，过最寻常的日子，吃最素淡的饭菜。她藏有的文物虽少，但若拿去换钱，必可使生活富足。她的表妹是秦桧的夫人，她若要攀权附贵，必不是什么难事。只是，她宁愿布衣素食，也要宝藏文物；她宁愿身处底层，也不违背自己的内心。对于卖国求荣的秦桧，她愤恨，也鄙视。对于钱财名利，她视如粪土，而对于故交旧人以及最爱的书法墨迹，她和赵明诚一样珍视。

在生命的最后几年里,李清照将一切化至最简,只做最重要的事,见最重要的人。那一天,她听闻米芾的儿子米友仁也在临安,便找出赵明诚留下的米芾真迹《寿时宰词》和《灵峰行记帖》,前去请米友仁题跋。故人重逢,当年的青春面影已悄然随岁月遁去,眼前是两个垂暮老人,在饶有兴趣地说着陈年旧事。这一切,怎能不令人唏嘘不已?

不论多么老迈,这世间仍有李清照心系之事。她心系文物,心系文化传承,心系故国,就像院中的那棵芭蕉树,不论叶片是卷是舒,是生是落,不论是青春或是迟暮,总对世界存有温厚的情谊。

窗前谁种芭蕉树,阴满中庭。阴满中庭。叶叶心心,舒卷有余情。伤心枕上三更雨,点滴霖霪。点滴霖霪。愁损北人,不惯起来听。

——《添字丑奴儿》

窗前不知是谁种下的芭蕉树,如今已经长得很大,绿荫满布庭院。那些芭蕉叶子,不论是卷曲的叶心,还是舒展的叶片,都似叶叶含情,富有深意。夜半三更,辗转枕上难以入眠,暗自伤心之时,忽然听到滴滴雨落芭蕉声,让来自北国的人愁更浓,不忍卒听。

像一片秋天的叶子,李清照的生命即将凋零,但她对这个世界充满眷恋和柔情。有情之人,眼中万物皆深情款款。在李清照看来,芭蕉为庭院洒下绿荫,这是情;在夜深人静、伤心难眠之际,雨打芭蕉之声与自己内心对故国的思念产生共鸣，就好像觅得了草木知己，是一种陪伴和慰藉。李清照是北方人，而芭蕉是南方植物，雨打芭蕉之声，表面上说来是听不习惯，更深层的原因是不忍听、不能听。

因为爱深，所以愁重。身在江南的李清照，时时刻刻眺望的都是北方。有生之年，她渴望还能回到故园，做回北人。只是，这一切恐怕已是奢望。

寻寻觅觅向何处——作别人间

> 寻寻觅觅,冷冷清清,凄凄惨惨戚戚。乍暖还寒时候,最难将息。三杯两盏淡酒,怎敌他、晚来风急?雁过也,正伤心,却是旧时相识。满地黄花堆积。憔悴损,如今有谁堪摘?守着窗儿,独自怎生得黑?梧桐更兼细雨,到黄昏、点点滴滴。这次第,怎一个愁字了得!
>
> ——《声声慢》

这首《声声慢》(寻寻觅觅)被誉为词中绝品,也可看作清照一生最凝练的回望。

"寻寻觅觅,冷冷清清,凄凄惨惨戚戚。"寻寻觅觅,她在寻觅什么,又该向何处寻觅?是童年的志向、少年的萌动、青年的爱情和婚姻吗?向苍茫云天、厚重大地,抑或悲喜人间?暮色中,回首来时路,所有的追寻、所有的美好都已化成了青苔的记忆,只留下中年的颠沛流离、老年的孤苦清寂。

"乍暖还寒时候,最难将息。"如果用色调来论断,李清照人生的前半段以暖色为主色调。虽生母早丧，但她从不缺少爱。她喜读诗书，有慈父良师，更有一众前辈指点、提携。她渴望脱俗的爱情和灵魂伴侣，上天就把赵明诚送到她身边。虽然婚后两人心有微隙，但是他们的爱情和婚姻的根基固若金石……直到国破的那一刻，她的人生被一分为二，从此她的人生被冷色铺满——生离死别、辗转漂泊、文物渐失、再嫁离异、复国无望……如果说这冷中有暖，那就是她心中存着希望，愿有一日能回到故园，落叶归根。如若不然，她早已坠入不可返回的深渊。这冷暖交织、悲欣混杂的人生啊，让人如何是好？

"三杯两盏淡酒，怎敌他、晚来风急？"据统计，李清照词中写到酒的，达十六处之多。有人因此认为她嗜酒，甚至有人称她为"酒鬼"。对文人来说，酒是灵感的因子，"李白斗酒诗百篇"，酒让人忘记世俗束缚，充分释放天性，也让人忘记现实的痛苦。

"故乡何处是？忘了除非醉。"如果说李清照前半生饮酒，是为了风雅和灵感，那么她后半生的饮酒，则是一种自我救赎，只有醉后才能忘却一切，然而酒总会醒，终究还要面对让人猝不及防的各种变故。

"雁过也，正伤心，却是旧时相识。"雁南雁北，花开花谢。人生如梦，回忆是一条没有尽头的路。昂首长天，眼见离群孤雁，不禁悲从中来，恍然中，以为那雁，还是那年那月的那只。彼时夫妇离散，雁字传情，纵月满西楼、闲愁无计可消除，但总还有相聚的一天。如今天人永隔，雁即使要传信，又将传向何处？况且雁儿还能由南北归,来去自由。而作为南渡之人,她却只有在梦里才能北回中原,看连昌宫里的桃花开,听华萼楼前的喜鹊啼。

"满地黄花堆积。憔悴损,如今有谁堪摘?"俯视人间,秋来霜重,菊花凋残,正如憔悴老妇,无论曾经怎样的玉肌冰骨、才貌卓然、风华绝代、心高品洁,都无法对抗岁月的严苛。花终会落,人终会离开。然而这世间再如何薄凉,总让人贪恋,因此总有幽愁暗恨生。

"守着窗儿,独自怎生得黑?"这一句,是对人生困境的发问。如此漫长艰难的人生,何处是乐土,何时得解脱?自赵明诚故去,李清照一个人如飘转秋蓬,在乱世中独自流荡了近三十年。每一天,天明时盼着天黑,又怕天黑。盼黑夜来临,是白昼太过漫长;怕黑夜来临,是黑夜更加漫长。欢欣时,无人陪她一起展露笑颜;悲伤时,无人为她拭去眼中的泪水;病痛时,无人在旁随时嘘寒问暖;脆弱时,无人给她鼓励,让她依靠;在实在无力走下去时,也没有一双手能拉着她继续前行……生命本是一场孤独的旅程,然而李清照的孤独如此彻底,仿佛是没有黎明的黑夜、无法突破的困境。

"梧桐更兼细雨,到黄昏、点点滴滴。"秋意萧瑟,梧桐叶落,本就让人心中悲凉,再遇黄昏细雨,点点滴滴,落在心上,雨滴不尽,愁亦无穷。即便在太平盛世,一个家庭完整的男子,一生所经历的种种,已足够艰辛,更不要说一个孤苦女子,年老多病,无依无靠,远离故土,又逢乱世,再婚遇人不淑,离异招致非议。

唯一能给她慰藉的，是赵明诚遗留下的金石字画，却又屡遭觊觎，难以保全。其中滋味，如何与人说？

"这次第，怎一个愁字了得！"李清照的词中，最多的是愁情，这也许会给不了解她的人一种错觉，认为她是一个多愁善感、柔弱无骨、只知吟风弄月的小女人。纵观她的人生经历，细品她的诗词文章，便可知，这期间种种岂是一个"愁"字所能涵盖得了的？

如果她是一个没有良知、没有理想、没有自我、没有大爱的女子，就不会遭遇这样的精神困境。正因为她是非分明、嫉恶如仇，正因为她心怀学术理想、人生理想，正因为她不众流俗、个性鲜明，正因为她心系天下、心怀家国，才会如此痛苦。晚年的孤独，她可以用诗心对抗，用回忆消解，用诗词填补，但破碎的山河，却任她倾尽一世才华和毕生心力也无法缀连成一条回归的路。

她遭遇的精神困境是所有有追求的人共同的、永恒的困境，所以无解，所以悲凄、悲戚、悲凉、悲壮、凄清、凄惨、凄美。虽然如此，但是我们不必为此奉上怜悯，谁的人生不是悲欣交集，谁不曾有过含泪的笑？李清照的一生，因为精神上的坚守，获得了另一种自足和圆满。寻寻觅觅向何处？却原来，人一生要寻回的不过是自己，找到自己，然后坚持做自己。

《声声慢》（寻寻觅觅）这首词，无论是音律、情感还是意境，都堪称臻于化境。"声声慢"这个词牌，据说最早由晁补之进行创作，那位亦师亦友的故人，已长眠多年。李清照在白发苍苍之际，用这个词牌来回望自己的一生，其间况味，非个中人不能体味。

"寻寻觅觅，冷冷清清，凄凄惨惨戚戚"这一句横空出世，在词坛上前无古人、后无来者，被宋人张端义形容为公孙大娘舞剑的手法。公孙大娘是唐宫剑舞第一人，技艺盖世，舞姿绝美。杜甫曾写诗称赞她的剑舞可令青山低头、风云变色，有矫如龙翔、光曜九日的夺人气势。十四个双声叠韵，声调低迷，如泣如诉，余音袅袅，愁情绵长得仿佛没有尽头。只这一句，便已决定了这首词在古今文学史上的地位。

　　不仅如此，清照在这首词中还创造了一种"色暗声咽"的意境，与全词的情感完美契合。百花萎谢的秋天，孤飞的大雁、残损的菊花、寥落的淡酒、寂寞的窗下、枯槁的梧桐、萧萧的细雨、日暮的黄昏，所有的色调，都是黯淡的，成为内心情感最合适的背景。

　　我们在朗诵诗词时，字词的声律也是情感的出口，"随情选韵，因情变声"，李清照最注重词的音律。在创作这首词时，她又一次显示出了超人的才华和勇气，选用仄声韵，押险韵。仄声韵声调幽咽，最宜于表现难以言说、欲诉无门的悲愁。在这里，色彩和声音也都有了感情，难怪梁启超评价这首词道："这首词写从早到晚一天的实感。那种茕独凄惶的情况，非本人不能领略，所以一字一泪都是咬着牙根咽下。"

　　无论多么辉煌的生命，总有作别人间的一日。绍兴二十五年（1155），李清照终于走完了她的人生旅程，获得了解脱与永久的安息。李清照的一生，堪称卓绝，却因是一个女子而未有生平经历被载入正史,这让她的人生不时谜团隐现,就连她的墓地也不明确。其实,时间和地点的真相已无关紧要。我们透过她的文字,以古今同理之心,以人类共同的情感和命运为脉络,逐渐触摸到她精神世界的真相,如此,她不再是一个历史上的名字符号,而成了我们身边活生生的人,如你,如我。

还记得在那个宋词与宋瓷并列生香的朝代,公元1084年的春天,遥远得仿佛自远古走来,百脉泉边的新生和期待,那是一阕词的首句。其间的种种铺排、转折,泪水与哀愁,欢欣与甜蜜,是用生命蘸着血泪写成的。只是结句太过安静,飘渺得如登仙界,空灵得仿佛从未来过这世间。戛然而止的刹那,爱与痛俱已安歇。

如今,百脉泉的水虽然已经干涸,但李清照的名字在宇宙间闪闪发亮,沾染着她生命血泪的诗词被后人一代代传诵。她的心魂之泉永远奔流不息,清可照天,古今辉映。只要文字与诗心不灭,她必将与岁月同在。